Geschichten zur Bibel

Werner Laubi

Geschichten zur Bibel

Band 1

Saul · David · Salomo

Ein Erzählbuch für Schule, Familie
und Gemeinde

Kaufmann/Patmos

Die Deutsche Bibliothek – CIP-Einheitsaufnahme

Laubi, Werner:
Geschichten zur Bibel : ein Erzählbuch für Schule, Familie und Gemeinde / Werner Laubi. – Lahr : Kaufmann ; Düsseldorf : Patmos.
Früher in den Verl. Kaufmann, Lahr, und Benziger, Zürich, Einsiedeln, Köln
Bd. 1. Saul, David, Salomo, – 4. Aufl. – 1991
ISBN 3-7806-0445-0 (Kaufmann)
ISBN 3-491-80005-6 (Patmos)

Die Verlage Kaufmann und Patmos
sind Mitglieder des *Verlagsrings Religionsunterricht (VRU)*

4. Auflage 1991

Hergestellt im Graphischen Betrieb Bercker, Kevelaer
ISBN 3-491-80005-6 (Patmos)
ISBN 3-7806-0445-0 (Kaufmann)

Inhalt

Vorwort

Manchen Pfarrern, Katecheten und Mitarbeitern im Kindergottesdienst macht der »garstige Graben der Geschichte«, der zwischen den biblischen Gestalten und ihrer eigenen Existenz liegt, schwer zu schaffen. Unendlich fern scheint ihnen die Welt des Alten und Neuen Testaments von derjenigen des 20. Jahrhunderts zu liegen. Was haben, so fragen sie sich, der Erzvater Abraham, der in einem Zelt aus Ziegenhaaren hauste, und ich, der in einem massiven Haus mit einigen Zimmern, Einbauküche und Bad wohnt, miteinander gemeinsam? Was verbindet mich mit einem einfachen Bauern, der im fünften vorchristlichen Jahrhundert in Juda lebte und sich die Erde als eine auf Säulen ruhende Scheibe vorstellte, während ich am Fernsehen über die Theorie des Urknalls und des sich ausdehnenden Universums informiert werde? Was kann ich oder was können die mir anvertrauten Kinder mit einem König Saul anfangen, der von einem bösen Geist besessen war, wo wir doch in einer aufgeklärten Zeit leben, in der man Depressionen mit Psychopharmaka zu lindern versucht? Wäre es da nicht besser, anstatt im Unterricht oder im Jugendgottesdienst biblische Geschichten zu erzählen, den Kindern lebenskundliche Modelle anzubieten? Mein Lehrer für praktische Theologie, Prof. Dr. Walter Neidhart, hat mir – vor über 15 Jahren – in Vorlesungen, Seminaren und katechetischen Übungen an der Universität Basel gezeigt, daß und wie über den »garstigen Graben der Geschichte« Brücken geschlagen werden können. Er hat mir Mut gemacht, biblische Geschichten zu erzählen und mir mit seiner Methodik, die ausführlich im »Erzählbuch zur Bibel« (Herausgeber: Neidhart/Eggenberger; Verlage Kaufmann/Benziger/TVZ) dargelegt ist, den Weg dazu gewiesen. Die Fantasiearbeit, mit der eine biblische Erzählung erschlossen wird, ist nicht etwa bloßes Erfinden von Situationen. Sie ist vielmehr ein intensives sich Hineinleben in die Personen und den Handlungsablauf einer Geschichte; ein Miterleben und Mitfühlen einer Begebenheit. Damit die Geschichte aber ihren historischen Ort nicht verliert, ist das sich Aneignen von möglichst vielen und genauen Sachkenntnissen über Lebensgewohnheiten, Gebrauchsgegenstände, Denkweisen und manches andere jener Zeit unerläßlich. Daß dieser Kenntnis Grenzen gesetzt sind und daß auch bei sorgfältiger Vorarbeit Fehler unterlaufen können, braucht nicht besonders hervorgehoben zu werden.

Um ein ermüdendes, langweiliges Erzählen, das sachliche Schwierigkeiten am Rande der Erzählung interpretierend erklärt, zu vermeiden, verknüpfe ich die Erklärung – wenn immer möglich – mit einer Handlung oder einem Dialog. Gewiß ist diese Art Vorarbeit zeitaufwendig und mühsam.

Aber sie lohnt sich. Durch das sachgerechte und fantasieintensive Sich-Hineindenken in biblische Personen und Situationen, von denen mich viele Jahrhunderte trennen, entdecke ich mit einem Male – zuerst nur vereinzelt, dann aber immer mehr und mehr – Gemeinsamkeiten, die mich über alle zeitlich bedingten Unterschiede hinweg einem Abraham, einer Ruth, einem Saul, einem David, einem Absalom, einem Amos, einem Petrus, einem Paulus, einer Lydia näher und näher bringen. Betroffen entdecke ich, daß ihre Freude meine Freude, ihr Leid mein Leid, ihre Sünde meine Sünde, ihr Vertrauen mein Vertrauen, ihre Zweifel meine Zweifel, ihre Erfahrung von Gnade meine Erfahrung von Gnade ist. Und es ist mir, als ob der »garstige Graben der Geschichte« sich auffülle und wir uns Schritt für Schritt näher kommen und zuletzt begegnen würden: der Mensch in der Bibel und ich. Damit ist biblische Geschichte für mich existent geworden, als Mahnung, Trost, Zusage, Wegweiser. Ich finde mich selber in ihr, und indem ich sie so als selbsterlebte Geschichte den Kindern weitergebe, wird sie für sie ebenfalls lebensnahe und spannende Geschichte.
Mit diesem Buch möchte ich dem, der biblische Geschichte erzählen will, einen Teil der Vorarbeit abnehmen. Ich habe die Geschichten so geschrieben, daß sie vorgelesen oder – noch besser – erzählt werden können. Nach mehrmaligem Erzählen – und der bei allen Nacherzählungen notwendig bleibenden Auseinandersetzung mit dem Bibeltext – wird der Lehrer frei von meiner Vorlage und kann Stil und Inhalt seiner ihm gemäßen Art anpassen. Dazu sollen auch die knappen sachlichen Erläuterungen, die jeder Erzählung vorangestellt sind, helfen. Jede Erzählung dauert etwa 20–35 Minuten. Vertiefungs- und Repetitionsvorschläge finden sich zu jeder Geschichte im Anhang.
Wer sich gründlicher informieren will, sei auf die Kommentare »Das Alte Testament Deutsch« verwiesen: H. W. Hertzberg, Die Samuelbücher (ATD Band 10) und E. Würthwein, Die Bücher der Könige, 1. Könige 1–16 (ATD Band 11,1). Dort finden sich auch ausführliche Literaturverzeichnisse. Die Schreibweise aller biblischen Namen und alle Bibelstellen richten sich nach der Zürcher Bibel. Am Schluß des Buches ist in einer Liste die Schreibweise nach den »Loccumer Richtlinien« aufgeführt.
Die in den methodischen Hinweisen abgedruckten Zeichnungen sind aus dem sehr empfehlenswerten Buch: Hans Witzig, »Zeichnen zur Biblischen Geschichte«, Verlag des Schweizerischen Lehrervereins, Zürich. Sehr gute und sachgerechte Illustrationen von Reinhard Herrmann finden sich in der Elementarbibel 3, Geschichten von Königen in Israel (Verlag Ernst Kaufmann, Lahr und Kösel-Verlag, München).

Aarau, im Advent 1980 — Werner Laubi

Theologische Überlegungen zu den Königsgeschichten

In groben Zügen ist dies der Inhalt der biblischen Königsgeschichten von Saul bis zur Reichstrennung:
Gott erwählt für sein Volk drei Herrscher. Der erste, Saul, ist ein von Gottes Geist erfüllter militärischer Führer, der, wenigstens vorübergehend, Israel von der Bedrohung fremder Mächte schützen kann. Den innenpolitischen Aufgaben jedoch ist dieser Bauer aus Gibea im Stamm Ephraim nicht gewachsen. Er überwirft sich mit dem von einem Großteil des im Volke angesehen und einflußreichen Samuel und versagt zuletzt, an sich und seinem Auftrag irre geworden, in der entscheidenden Schlacht gegen die Philister um 1010 v.Chr. in der Ebene Jesreel.
Dem zweiten Erwählten, David, mangelt es weder an innen- noch an außenpolitischen Erfolgen. Er besitzt Weitsicht, Klugheit und eine gewinnende Persönlichkeit. Auf der Höhe seiner Macht herrscht er über ein gewaltiges Reich; aber über seine eigenen dunklen Triebe und über diejenigen seiner Söhne weiß er nicht zu herrschen. Er begeht Ehebruch und gibt Befehl, den Ehemann seiner Geliebten umkommen zu lassen. Sein ältester Sohn vergewaltigt seine Halbschwester und wird von seinem Bruder aus Rache ermordet. Der Mörder jedoch muß in die Verbannung fliehen, zettelt später gegen seinen Vater David eine Revolution an und läßt sich zum König ausrufen. David – von vielen im Volk gehaßt – flüchtet ins Ostjordanland und kann, als es zur entscheidenden Schlacht gegen Absalom kommt, seine Vaterliebe nicht verleugnen.
Siegreich aus den Thronwirren geht Salomo, der dritte Gesalbte Jahwes, hervor. Er bringt Israel kulturell zur Hochblüte und wirtschaftlich sowie politisch an den Rand des Ruins. Unter seiner Herrschaft kommt es – wegen der hohen Steuern und der übermäßigen Fronarbeit – zu Aufständen. Untertanenländer fallen ab, und nach des Königs Tod kommt es um 930 v.Chr. zur Auflösung der Personalunion zwischen Juda und Israel. So werden die beiden Kleinstaaten Juda und Israel zum Spielball aufsteigender Weltmächte.
Angesichts dieser, so oft durch Ehrgeiz, Triebhaftigkeit, Machthunger und Sünde geprägten Königsgeschichte, fragt sich der Bibelleser, ob solche unheiligen Erzählungen überhaupt in die Heilige Schrift gehören. Nun wäre es aber falsch zu glauben, erst wir Heutigen stellten uns diese Frage. Schon bald nach Davids Lebzeiten ist sie aufgetaucht, und manche, die an

der Geschichte Gottes mit seinem Volk und den von Gott erwählten Gesalbten geschrieben und redaktionell gearbeitet haben, haben versucht, Anstößiges auszumerzen. Und doch: je öfter man die Geschichte der Könige liest, desto stärker wird die Überzeugung, daß gerade in der erregenden Weltlichkeit der Darstellung ihr theologischer Schwerpunkt liegt. Denn Gottes Handeln zeigt sich nach dem Alten Testament nicht nur darin, daß er die Welt schafft und schützt, sondern daß er die Geschichte leitet und das Geschick des Menschen führt: »Deine Augen sahen all meine Tage, in deinem Buche standen sie alle; sie wurden geschrieben, wurden gebildet, als noch keiner von ihnen da war«, steht Psalm 139,16.

Diese Führung geschieht jedoch nicht nur in hellen, angenehmen und freundlichen Tagen, sondern auch dort, wo vieles dunkel, leid- und rätselvoll ist: »Kommt nicht vom Munde des Höchsten so Glück wie Unglück?« lautet die rhetorische Frage Klagelieder 3,38, und der Dulder Hiob bezeugt 1,21: »Der Herr hat's gegeben, der Herr hat's genommen; der Name des Herrn sei gelobt!«

In diesem Sinne müssen auch die Königsgeschichten verstanden werden. Wenn Saul von einem bösen Geist geplagt wird, so darf dieses Leiden nicht nur psychologisch, sondern muß es auch theologisch verstanden werden: der böse Geist ist keine Gott entgegengesetzte Macht, sondern er ist – wie es 1. Samuel 16,14 ausdrücklich sagt – ein von Gott gesandter Geist. Daß David von den Philistern nach Hebron geht, ist Gottes Wille (2. Samuel 2,1). Daß ihn bei der Flucht vor Absalom Abisai flucht, geschieht auf Gottes Geheiß (2. Samuel 16,11). Und daß Salomo zu Reichtum und Ehre kommt, ist allein Gottes Geschenk.

Alle diese Stellen zeigen: Gott bestimmt und führt. Auch unverständliche, uns grausam und sinnlos scheinende Ereignisse gehören dazu. Gewiß: vieles an Gottes Geschichte – und damit auch an den Königsgeschichten – bleibt rätselvoll. Es läßt sich nicht mit menschlicher Logik und auch nicht mit menschlichem Gerechtigkeitsdenken vereinbaren. Wenn aber ein Paulus von seinem Reden über Gott als von vergänglichem Stückwerk geredet hat, bleibt uns wohl nichts anderes übrig, als die Kinder beim Erzählen biblischer Geschichten darüber nicht im unklaren zu lassen, daß auch unser Erzählen und Verstehen Stückwerk ist.

Jabes

1. Samuel 11,1–13

Vorbemerkung

Nach 1. Mose 19,38 war Ben-Ammi, ein Sohn Lots, der Stammvater der *Ammoniter*. Die Ammoniter bewohnten das Gebiet östlich vom Toten Meer. Ihre Hauptstadt Rabbat lag am oberen Jabbok, und seit ältester Zeit regierte ein König ihr Land. Das Verhältnis zwischen Ammonitern und Israeliten war nie besonders gut. In der Richterzeit kam es zu Landstreitigkeiten, und zur Zeit Sauls belagerte der Ammoniterkönig *Nahas* (»Schlange«) die gileaditische Stadt *Jabes*, die wahrscheinlich an einem linken Zufluß des Jordans lag und etwa 80 km Luftlinie von Gibea entfernt war. Später stand Nahas zu David in einem guten Verhältnis (2. Samuel 10,1 ff). Hanun jedoch, Nahas' Sohn, beleidigte Davids Gesandte so schimpflich, daß David den Befehl gab, das Land zu verheeren und die Hauptstadt zu erobern. Ein nach Ägypten geflüchteter Ammoniterprinz kehrte jedoch unter Salomo wieder nach Ammon zurück und befreite sein Land vom israelitischen Joch. Auch nach der Reichstrennung blieb das Verhältnis gespannt, und in der nachexilischen Zeit war es der ammonitische Statthalter Tobia (Sanballat), der den Mauer- und Tempelbau von Esra und Nehemia zu verhindern versuchte.

Saul war Sohn des wohlhabenden benjaminitischen Bauern Kis. 1. Samuel 9,2 beschreibt ihn als einen stattlichen und schönen Mann, der ein Kopf größer war als seine Landsleute. Die Familie wohnte in *Gibea*, einem Ort südlich *Rama*, wo Samuel zu Hause war. »Ausgrabungen auf dem Tell el-Full, der wahrscheinlich mit dem alten Gibea identisch ist, wiesen eine Besiedlung seit dem 12. Jahrhundert nach und förderten den Südwestturm einer Festung zutage, deren Grundriß aufgrund analoger Festungsbauten im Negev erschließbar ist. Sie wurde im 11. Jahrhundert erbaut (Philister?), aber nach kurzer Zeit zerstört (Saul? vgl. 1. Samuel 13 f) und nach gleichem Plan neu errichtet.« (Galling, Biblisches Reallexikon). In der Richterzeit kam es zwischen den Benjaminiten und den anderen Stämmen Israels zum Krieg wegen einer Schandtat, die Gibeoniten an einem Fremden und seiner Frau verübt hatten (Richter 19–21).

Zahlenangaben über Sauls Alter fehlen in der hebräischen Bibel. Griechische Bibelhandschriften geben 30 Jahre an, als Saul König wurde. Seine Regierungszeit betrug – nach dem jüdischen Geschichtsschreiber Josephus – 40 Jahre. In 1. Samuel 14, 49 ff ist *Sauls Familie* aufgeführt: seine Frau *Ahinoam*, die drei Söhne *Jonathan*, *Isjo* und *Malkisua* sowie die bei-

den Töchter *Merab* und *Michal*. 1. Chronik 8,34 nennt noch einen vierten Sohn: *Abinadab*. Isjo (auch Isboseth) wird in 1. Chronik 8,33; 9,39 Esbaal (von Isbaal = Mann des Baal) genannt. Es gibt verschiedene Theorien darüber, warum zwei Namen in der Bibel stehen und welcher der ursprünglichere ist. Eine besagt, daß Baal (= Herr) ursprünglich auch für Jahwe gebraucht wurde. Da man aber später nur noch die heidnische Gottheit darunter verstand, wurde der Name in Isboseth (= Mann der Schande) oder Isjo (Mann Jahwes) geändert. Auch Sauls Vetter *Abner*, den er zum Obersten der Armee machte, ist an dieser Stelle erwähnt. Nach Sauls Tod rettete Abner dem Isjo die Herrschaft über Israel, während David in Hebron über Juda regierte. Abner überwarf sich später mit Isjo und ging zu David über, wurde jedoch von Davids Feldhauptmann Joab ermordet.
Ursprünglich wurde in der Bewirtschaftung des Ackers der Boden mit Grabstöcken aufgeritzt. Wann der Übergang zum *Pflug* stattfand, ist zeitlich nicht genau feststellbar. Die *Pflugschar* bestand aus einem zugespitzten Blatt, das die Erde aufbrach, und einem Schaft, der das Lenkholz (Sterz) des Pfluges umschloß. Ursprünglich bestand die Spitze aus in Feuer gehärtetem Holz. Später, in der Bronzezeit (ca. 2000–1500 v. Chr.), verwendete man für die Spitze Bronze, das jedoch schnell vom noch härteren Eisen verdrängt wurde. Die in Ausgrabungen gefundenen Pflugscharen sind zwischen 15 und 35 Zentimeter lang.

Erzählung

»Die Ammoniter!«
Ein Mann hastet durch das Dorf. Sein Gesicht ist rot vor Anstrengung. Seine Haare sind naß vom Schweiß.
»Die Ammoniter kommen!« ruft er den erschrockenen Bauern und Handwerkern zu, die aus ihren Häusern treten.
»Flieht vor den Ammonitern, wenn euch das Leben lieb ist! Flieht in die Stadt Jabes! Jabes hat dicke Mauern, hohe Türme und feste Stadttore! In Jabes ist man sicher vor dem Feind!«
Die Leute raffen in Bündel zusammen, was sie tragen können. Bald ist die Straße nach Jabes voll von Flüchtlingen. Hunderte von Menschen drängen sich durch das Stadttor. Auf dem Marktplatz herrscht ein entsetzliches Durcheinander. Frauen kreischen, Kinder weinen, Männer fluchen. Erschöpfte schlafen am Boden. Eine alte Frau humpelt auf einen Stock gestützt durch die Menge und ruft mit schriller Stimme nach ihrem Mann.

»Sie haben mir mein Haus angezündet!« schreit ein Bauer. »Und der Ammoniterkönig Nahas ist dabei gestanden und hat gelacht!«
»Und mir«, jammert ein dicker Mann mit einem Doppelkinn und einer Glatze, »mir haben sie alles Korn aus der Scheune gestohlen. Und alles Öl. Ich bin reich gewesen! Der reichste Bauer im ganzen Dorf. Aber jetzt bin ich arm.«
»Warum hast du dich denn nicht gewehrt? Warum hast du diese Räuber von Ammonitern nicht verjagt?« ruft einer. Er ist noch jung. Sein Bart ist weich und flaumig, und seine blauen Augen funkeln zornig.
»Warum hast du dich nicht gewehrt? Warum hast du sie nicht verjagt?« äfft der Dicke. »Wie soll ich mich denn als einzelner gegen eine ganze Horde von bewaffneten Soldaten wehren? Wie stellst du dir denn das vor, du Grünschnabel, du Suppengemüse, du Wickelkind, du...«
»Beschimpf mich nicht, Glatzkopf!« sagt der Junge. »Sonst werf ich dich wieder zur Stadt hinaus!«
»Beruhige dich, Addar!« ruft ein Mann. Der Mann ist alt. Er heißt Dan. Er ist der Bürgermeister der Stadt Jabes. Sein Haar ist silberweiß. Aber seine Stimme ist noch laut und kräftig.
»Beruhigen!« brummt Addar. »Ich soll mich beruhigen, wenn uns die Ammoniter alles wegnehmen und keiner von uns etwas dagegen tut. Wehren sollten wir uns! Alle miteinander! Aber in Israel hilft ja keiner dem andern. Jeder schaut nur auf sich. Was wir brauchen, ist ein starker Mann, der unsere Männer zusammenruft und die Feinde aus dem Land jagt: Die Ammoniter, die Philister und die Amalekiter. Aber solange wir keinen König haben wie die andern Völker, so lange hat unser Elend kein Ende!«
»Halt jetzt keine langen Reden, Addar«, sagt Dan, der Bürgermeister von Jabes. »Hilf lieber den Wächtern, die Stadttore zu schließen!«
Addar und die Wächter stemmen sich gegen die Tore. Mit schweren Balken riegeln sie sie ab.
Bald hört man das Kriegsgeschrei der Ammoniter. Über Treppen und Leitern steigt das Volk auf die Stadtmauer.
In langen Kolonnen kommen die Soldaten auf Jabes zu. In einiger Entfernung schlagen sie ihr Lager auf: Zelt an Zelt, rund um die Stadt. Dann werden Wachen aufgestellt. Jetzt kann niemand mehr nach Jabes hinein, und keiner kann Jabes verlassen.
Das größte Zelt im Lager ist das des Ammoniterkönigs Nahas. Es besteht aus weißen Ziegenfellen und leuchtet in der Sonne.
»Ich will mit eurem König verhandeln!« ruft Dan von der Mauer hinunter!«

»Mit dem kann man nicht verhandeln«, murrt Addar, der hinter dem Bürgermeister steht. »Der Ammoniterkönig ist so, wie er heißt: Nahas! Schlange! Eine hinterlistige, giftige Schlange!«
Da wird der Eingang des weißen Zeltes zurückgeschlagen. Nahas, der Schlangenkönig, kommt heraus. Sein Waffenträger begleitet ihn. Nur ein paar Schritte macht Nahas. Dann stellt er sich breitbeinig auf und verschränkt die Arme. Er fährt sich mit der Zunge über die Lippen, kneift die Augen zusammen und ruft: »Was will denn das Bürgermeisterchen von Jabes vom mächtigen Ammoniterkönig Nahas, dem unbesiegbaren Schlangenkönig?«
»Ich will mit dir einen Vertrag schließen«, ruft Dan, »und so soll der Vertrag lauten: Erstens – du läßt unsere Bauern und Hirten und Handwerker auf dem Land, in den Dörfern und in den Städten in Ruhe. Zweitens – du hebst die Belagerung der Stadt Jabes auf. Drittens: du nimmst uns nichts mehr weg und richtest im Land keinen Schaden mehr an. Viertens – wenn du das tust, werden wir dir Steuern bezahlen. Von allem Korn, das wir ernten, und von allem Öl, das wir pressen, und von aller Arbeit, die wir tun, sollst du einen Anteil bekommen.«
Nahas fängt an zu lachen.
Er lacht immer lauter.
Er lacht so, daß er einen Hustenanfall bekommt und ihm sein Waffenträger mit der flachen Hand auf den Rücken schlagen muß.
»Was wollt ihr?« ruft er endlich, noch immer hustend und lachend. »Einen Vertrag? Gut! Ihr könnt einen Vertrag haben. Aber mein Vertrag sieht so aus: Ich befehle jetzt meinen Soldaten, mit den Rammhölzern eure Stadttore einzurennen und eure Mauern herunterzureißen. Und dann komme ich nach Jabes und lasse euch alle in einer Einerkolonne antreten. Männer, Frauen und Kinder. Und dann steche ich jedem von euch das rechte Auge aus. Dann wird man in ganz Israel wissen, daß jetzt der Schlangenkönig Nahas Herr über das Land und Herr über die Stadt Jabes ist!«
Der Ammoniterkönig kehrt sich um.
»Soldaten!« ruft er. »Ich gebe euch den Befehl, die Stadttore von Jabes und die Mauern von Jabes zu stürmen!«
»Nahas!« ruft Dan. »Laß uns nur sieben Tage Zeit! Ich will Boten in alle Städte und Dörfer Israels schicken! Vielleicht kommen uns unsere Landsleute zu Hilfe!«
Wieder lacht Nahas.
»Gut«, sagt er. »Ich laß euch sieben Tage Zeit. Damit ihr eure Bauern mit ihren Sicheln und eure Hirten mit ihren Stecken holen könnt. Aber das

weiß ich schon jetzt: Es wird niemand kommen. Ihr habt ja in Israel nicht einmal einen König, der einen Befehl geben und ein Soldatenheer anführen kann. In sieben Tagen ist Jabes in meiner Hand!«

Der Ammoniterkönig stapft davon. Er verschwindet in seinem Zelt.

Erschrocken steigen die Jabesiter von der Mauer in die Stadt hinunter.

»Wir sind verloren«, jammern sie.

Und der dicke Bauer mit der Glatze ruft verzweifelt: »Mein Korn hat mir der Nahas gestohlen. Mein Öl hat er gestohlen. Und jetzt will er mir sogar noch mein rechtes Auge nehmen!«

Dan, der Bürgermeister, läßt die jungen Männer der Stadt zu sich kommen.

»Geht so schnell ihr könnt in alle Städte und Dörfer Israels!« befiehlt er. »Sagt allen, sie sollen uns zu Hilfe kommen! Aber schnell! Wir haben nur sieben Tage Zeit. Und du, Addar, du gehst nach Rama! Zu Samuel. Zum Propheten und Richter über Israel. Samuel muß wissen, was geschehen ist. Vielleicht kann er uns helfen.«

Addar ist die ganze Nacht unterwegs. Nach Süden geht die Straße. Gegen morgen steigt er ins Jordantal hinunter. Als die Sonne aufgeht, wird es heiß. Addar ist müde. Unter einem Strauch findet er Schutz vor der Sonne.

»Nur noch sechs Tage!« denkt er. »Ich darf nicht lange schlafen. Ich muß zu Samuel. Die Hilfe darf nicht zu spät kommen!«

Als Addar erwacht, steht die Sonne schon tief im Westen. Erschrocken springt er auf und eilt durch das Jordantal. Die Straße führt an der Stelle über den Fluß, wo der Jordan nicht tief ist. Hier waren vor langer Zeit die Israeliten von der Wüste nach Kanaan eingewandert.

Addar hastet am Heiligtum von Gilgal und an der Stadt Jericho vorbei. Jetzt steigt die Straße steil ins Gebirge hinauf. Unheimlich ist es in dieser Steinwüste. Aber Addar fürchtet sich nicht. Die ganze Nacht ist er unterwegs. Gegen Morgen kommt er in Rama an. Eine Frau, die am Brunnen Wasser schöpft, zeigt ihm Samuels Haus. Als er an die Tür klopft, öffnet ihm ein alter Mann. Es ist Samuel, der Prophet und Richter über Israel, der weiß, was Recht und was Unrecht ist. Er kennt den Willen Gottes. In ganz Israel hört man auf das, was Samuel sagt. Samuels Haare sind lang und schneeweiß. Ein gewaltiger Bart und borstige Augenbrauen bedecken sein ganzes Gesicht. Nur die lange spitze Nase und die grauen durchdringenden Augen sind sichtbar. Obwohl Samuel alt ist, geht er aufrecht.

Addar verbeugt sich vor Samuel.

Samuel läßt Addar eintreten. Das Haus hat nur einen Raum mit einem kleinen Fenster. Auf dem Lehmboden steht eine brennende Öllampe. Samuel holt Wasser und Brot. Er weiß, daß Addar hungrig und müde ist.

Addar ißt und trinkt. Dann berichtet er Samuel alles, was in Jabes geschehen ist.
»Wenn wir nur einen König hätten«, sagt Addar zum Schluß. »Einer, der die Israeliten zu Soldaten ausbilden und mit ihnen das Land verteidigen und die Feinde verjagen könnte.«
Samuel denkt nach.
Dann sagt er zu Addar: »Geh auf der Straße von Rama nach Süden! Bis in die nächste Stadt. Dort, wo die Philisterburg steht und die Philistervögte wohnen. Die Stadt heißt Gibea. Und sag dort, daß ihr in Jabes Hilfe braucht.«
»Ich kann nicht nach Gibea gehen«, sagt Addar. »Ich muß zurück nach Jabes. Sie brauchen mich dort. Es ist schon der dritte Tag. In vier Tagen greift Nahas die Stadt an!«
Kalt schaut ihn Samuel mit seinen grauen Augen an. Und seine Stimme tönt wie ferner Donner.
»Tu, was ich dir sage! Geh nach Gibea!«
Als Addar Gibea, das Dorf mit der Philisterburg, erreicht, ist es schon Abend. Am Brunnen stehen Frauen und schöpfen Wasser. Von den Feldern kommen die Männer nach Hause.
Addar ist zum Umfallen müde. Erschöpft setzt er sich auf den Brunnenrand.
Ein Mädchen hält ihm den Wasserkrug hin.
»Trink, Fremder!« sagt es.
Das Mädchen trägt ein weißes Hemdkleid. Der Saum berührt den Boden. Zwei dunkelbraune dicke Zöpfe fallen ihr über die Schultern. An der Hand hält es einen Knaben.
Addar trinkt.
»Wo kommst du her?« fragt ihn das Mädchen.
»Ich komme aus Jabes«, sagt Addar. »Die Ammoniter haben vor drei Tagen unsere Stadt belagert. Der Bürgermeister hat überallhin Boten geschickt. Wir brauchen Hilfe. Ich bin bei Samuel gewesen. Er hat gesagt, daß ich nach Gibea gehen soll.«
Die Frauen fangen an zu jammern.
»Wir lassen unsere Männer nicht fort«, ruft eine kleine Dicke mit kreischender Stimme. »Die Männer müssen die Äcker pflügen. Die Regenzeit kommt bald.«
»Seit Jahren bedrücken uns die Philister«, sagt ein Bauer. »Dort auf der Burg« – der Bauer zeigt mit der Hand auf den Turm – »dort auf der Burg sitzt der Philistervogt. Wir müssen ihm Steuern bezahlen. Und Waffen dürfen wir keine haben. Das Schmieden von Eisen hat er uns verboten.

Wenn wir eine neue Pflugschar brauchen, müssen wir sie in den Philisterstädten kaufen. Und jetzt plagen uns die Ammoniter auch noch! Hören denn diese Kriege nie auf?«

»Wenn die Israeliten einen König hätten und zusammenhalten würden«, sagt Addar, »dann würden die Kriege schon aufhören.«

Immer mehr Leute strömen zusammen. Bald ist der Platz um den Brunnen voll von Menschen.

Da bahnt sich ein Bauer den Weg durch die Menge. Er ist einen Kopf größer als alle andern. Dunkelbraune Locken fallen ihm ins Gesicht. Seine Hände sind breit und voller Schwielen. An einem Strick führt er zwei Ochsen mit sich. Über der Schulter trägt er den Pflug.

»Vater!« Das Mädchen im weißen Kleid drängt sich dem Mann entgegen.

»Es ist der Bauer Saul«, sagt eine Frau zu Addar.

Saul läßt die Ochsen stehen, legt den Pflug auf den Boden, hebt das Mädchen in die Höhe und küßt es.

»Guten Abend Michal«, sagt er.

»Mich mußt du auch küssen!« sagt der Bub.

Saul lacht.

»Malkisua ist wieder einmal eifersüchtig«, sagt er und wirft den Knaben in die Luft und fängt ihn wieder auf.

Dann schaut sich Saul um.

»Was ist hier los?« fragt er.

»Der Mann da braucht Hilfe«, sagt Michal. »Samuel hat ihn zu uns geschickt. Der Ammoniterkönig Nahas hat Jabes belagert.«

»Wir lassen unsere Männer nicht fort!« kreischt die Dicke.

»Ich muß meinen Acker pflügen!« ruft ein Bauer.

»Und ich die Schafe hüten!«

»Jabes geht uns nichts an!«

»Wir müssen für uns selber sorgen!«

Alle schreien durcheinander.

Da wird Sauls Gesicht rot vor Zorn.

»Unseren Landsleuten in Jabes sollen die Augen ausgestochen werden!« ruft er. »Und ihr denkt ans Pflügen! Samuel will, daß wir ihnen helfen. Und Gott will auch, daß wir ihnen helfen!«

Saul bückt sich. Er hebt den Pflug vom Boden auf. Seine Muskeln spannen sich. Er schwingt den Pflug über sich. Erschreckt weicht das Volk zurück. Da saust der Pflug auf den Kopf des einen Ochsen. Der Ochse bricht zusammen. Die Leute schreien auf.

Schon fällt der zweite Ochse, vom Pflug getroffen, auf den Boden.

Saul zieht sein Messer unter dem Mantel hervor. Er schneidet die Ochsen

in Stücke und wirft die blutigen Fleischstücke den erschrockenen Männern zu.
»Geht in alle Dörfer Israels«, ruft er. »Und sagt überall im ganzen Land: Befehl von Samuel! Befehl von Saul! In drei Tagen sollen sich alle Männer, die nicht zu alt sind, in Besek versammeln. Und wer diesem Befehl nicht gehorcht und nicht mit mir gegen die Ammoniter zieht, zu dem werde ich heimkommen und alle seine Rinder und Ochsen ebenso schlachten, wie ich diese hier geschlachtet habe!«
Ganz still ist es auf dem Platz vor dem Brunnen. Niemand wagt, Saul zu widersprechen. Saul reißt die eiserne Pflugschar von seinem Pflug.
»Daraus mach ich mir einen Speer«, sagt er. »Und mit diesem Speer werde ich die Ammoniter verjagen! Und jetzt: Weg mit euch!«
Die Männer mit den Fleischstücken eilen davon.
Saul nimmt Addar zu sich nach Hause.
»Das ist meine Frau, Ahinoam«, sagt er. »Und das ist mein ältester Sohn Jonathan. Er wird etwa gleich alt sein wie du, Addar!« Jonathan sieht dem Vater ähnlich. Er ist groß und stark. Fröhlich begrüßt er Addar.
»Und das ist meine älteste Tochter Merab«, sagt Saul. »Und die beiden größeren Buben dort sind Abinadab und Isjo. Und Michal und Malkisua kennst du ja schon. – Und jetzt, schlaf ein paar Stunden, Addar. Du bist müde, und wir haben noch einen langen Marsch vor uns.«
Beim flackernden Licht der Öllampe befestigt Saul die eiserne Pflugschar an einem Holzschaft. Jonathan schaut ihm zu. Die Mutter packt Proviant in ein Tuch.
»Darf ich auch mitkommen, Vater?« fragt Jonathan.
Saul probiert seinen Speer aus. Er schleudert ihn gegen die Tür. Der Speer bleibt stecken. Der Holzschaft federt.
»Bitte, Vater, nimm mich mit!« bettelt Jonathan. »Ich möchte auch dabei sein, wenn du die Ammoniter verjagst!«
Saul reißt den Speer aus der Tür.
»Wir können die Mutter nicht allein lassen«, sagt er. »Auch deine Brüder Abinadab, Isjo und Malkisua und deine Schwestern Merab und Michal muß jemand beschützen, wenn ich nicht da bin. Du bist jetzt mein Stellvertreter zu Hause. Sorg dafür, daß niemandem etwas zustößt und daß Abinadab und Isjo die Felder fertig pflügen!«
Saul legt Jonathan den Arm auf die Schulter.
»Und wenn mir etwas zustoßen sollte«, sagt er, »dann mußt du für die Familie sorgen.«
Um Mitternacht verläßt Saul mit anderen Männern und mit dem Boten Addar Gibea.

Der König

1. Samuel 11,14–15; 13,2–6

Vorbemerkung

Sauls Aufstieg zum König ist an verschiedenen Orten in Israel auf verschiedene Weise erzählt worden. Die Wurzeln einer solchen Erzählung, die – oft an einem Heiligtum – von Generation zu Generation weitergegeben werden, nennt man Traditionen. Heutige Beispiele für solche Traditionen sind Heiligengeschichten und Erzählungen über Marienerscheinungen, die an Wallfahrtsorten erzählt werden. Eine erste Geschichte über Sauls Aufstieg zum König berichtet, daß ihm, als er auf der Suche nach entlaufenen Eselinnen war, ein Seher die künftige Königswürde verheißen habe (1. Samuel 9). Diese Tradition ist vielleicht in Zuph beheimatet. Mit ihr ist später eine zweite Geschichte, die man sich in Rama erzählte, verbunden worden. Sie berichtet vom Besuch Sauls bei Samuel und der Königssalbung (1. Samuel 10,1–16). Eine dritte Tradition (1. Samuel 10,17–27) berichtet von der Erwählung Sauls durch das Los. Diese Erzählung nimmt keinen Bezug auf die vorangehende. Es handelt sich um eine Überlieferung, die in Mizpa weitergegeben wurde. Die vierte Geschichte ist diejenige in 1. Samuel 11,1–15. Sie ist wahrscheinlich in Gilgal beheimatet, und in der griechischen Übersetzung des Alten Testaments steht, daß Samuel den Saul hier zum König gesalbt habe.
Der Nacherzähler der biblischen Geschichte kann alle Traditionen nacheinander erzählen, muß sie dann aber miteinander harmonisieren, wie es zum Teil schon der biblische Redaktor getan hat. Er kann aber auch eine einzige Tradition auswählen, wie ich es in dieser Geschichte mache. Wie man auch vorgeht, eines ist in allen Traditionen gleich: Der Anfang des Königtums in Israel hat seinen Grund in Gott, der sich Samuels und Sauls als seiner Werkzeuge bedient.
Es gab auch eine Tradition, die dem Königtum feindlich gegenüberstand. Sie schimmert in 1. Könige 8 und in der Mizpa-Tradition durch, hatte aber keine große Bedeutung.
Die am Anfang des 13. Kapitels beschriebene *Schlacht gegen die Philister* hat viele Textschwierigkeiten. Ich vereinfache in der Erzählung und lasse 1. Samuel 13,7bff weg.
Philister: siehe Erzählung »David am Hof«!
Gilgal war ein altes Heiligtum im Nordosten von Jericho. Sehr früh – um etwa 1100 v.Chr. – wurde es zentrale Kultstätte aller Stämme Israels. In ihrem Tempel wurde die Bundeslade aufbewahrt. Gilgal blieb bis zur

Reichstrennung 930 v.Chr. wichtigstes Nationalheiligtum und wurde dann vorübergehend von Bethel überflügelt. Später scheint Gilgal ein Zentrum der von Elia und Elisa getragenen prophetischen Widerstandsbewegung gegen das vom Heidentum beeinflußte Königtum im Nordreich gewesen zu sein.

Das *Salben* der Haut mit Öl, Fett oder einer aus Öl und Essenzen (Harzen) gemischten Salbe gehört im Orient zu den Lebensnotwendigkeiten. Das Öl reinigt die Haut, schützt sie, macht sie schön, heilt Wunden, lindert Schmerzen. Die symbolische Salbung im Ritus soll diese Eigenschaften auf den *Gesalbten* (hebräisch: Messias; griechisch: Christus) übertragen: er soll für sein Amt gereinigt und geschützt werden. Gesalbt wurden Könige (in Ägypten auch andere hohe Beamte), wenn sie in ihr Amt eingesetzt wurden. Nach 2. Mose 28,41 wurden ebenfalls Priester, nach 1. Könige 19,16 und Jesaja 61,1 auch Propheten gesalbt. Auch Kultgegenstände mußten mit Öl geweiht werden. 2. Mose 40,11 schreibt zum Beispiel die Salbung des Kessels und des Gestells am Brandopferaltar vor. Nach 1. Samuel 16,13 wurde das Öl in einem Horn aufbewahrt.

Erzählung

Am Abend des sechsten Tages nach der Belagerung von Jabes kommt Addar in die Stadt zurück. Die Wachen der Ammoniter lassen ihn durch.
»Wo sind die Kämpfer aus Israel?« höhnt einer.
»Die haben sich doch zu Hause hinter ihrer Mutter versteckt!« ruft ein anderer. »Alle Israeliten sind Hasenfüße. Und Feiglinge!«
Und ein Dritter sagt: »Morgen, wenn die Sonne aufgeht, stürmen wir Jabes! Und wenn die Sonne am Mittag heiß scheint, ist die Stadt in unserer Hand. Und den Sonnenuntergang – den werdet ihr euch alle nur noch mit einem Auge ansehen können!«
Er drückt ein Auge zu, schneidet eine Grimasse, und alle lachen und rufen so laut, daß man es in der Stadt hören kann:

»Wenn morgen wird die Sonne scheinen,
kann Jabes nur mit einem Auge weinen!«

In der Stadt wartet Bürgermeister Dan auf Addar.
Dan ist mutlos. Zusammengesunken sitzt er auf einem Stuhl.
»Du bist allein gekommen?« fragt er Addar.
»Ja.«
»Hat uns keiner helfen wollen!«
»Doch«, antwortet Addar. »Aber sie haben sich versteckt. Auf der andern Seite des Jordans.«

Dan schaut auf.
»Und – wie viele sind es?«
»Hunderte«, sagt Addar.
Dan springt auf.
»Was sagtst du?«
»Hunderte! Vielleicht tausend. Und alle bewaffnet. Saul ist ihr Anführer. Samuel hat es so gewollt. Und Saul läßt dir sagen: Morgen, wenn die Sonne heiß scheint, ist Jabes gerettet!«
Wie ein Lauffeuer geht die Nachricht durch die Stadt. Einer sagt es dem andern: »Saul, der Bauer aus Gibea, hat die Israeliten auf der andern Seite des Jordans gesammelt. Und morgen, wenn die Sonne heiß scheint, ist Jabes gerettet!«
Dan und Addar steigen auf die Stadtmauer.
Die Soldaten der Ammoniter sitzen am Lagerfeuer. Mit Wein gefüllte Becher machen die Runde. Die Soldaten singen. Und immer wieder rufen sie:

»Wenn morgen wird die Sonne scheinen,
kann Jabes nur mit einem Auge weinen!«

Erst gegen Mitternacht wird es im Lager ruhig.
Dan und Addar spähen in die Dunkelheit. Aber nichts rührt sich.
Stunden vergehen.
Da, gegen Morgen, deutet Addar mit der Hand nach Westen. Neben der Straße, die vom Jordan her kommt, bewegen sich Schatten. Lautlos schleichen die Israeliten zum Lager der Ammoniter.
»Und dort!« flüstert Dan. »Von Süden kommt eine zweite Gruppe!«
»Und von Norden eine dritte!« sagt Addar. »Hoffentlich merkt die Wache der Ammoniter nichts!«
Im Osten wird es hell.
Da plötzlich: ein Geschrei. Von drei Seiten stürmen die Israeliten auf das Lager der Ammoniter zu. Die Soldaten erwachen. Schlaftrunken suchen sie ihre Speere und Schwerter. Sie rennen vors Lager. Ein Hagel von Steinen und Stecken prasselt auf sie nieder. Sie rennen zurück. Sie stolpern. Zelte brechen zusammen. Wagen stürzen um. Maultiere brüllen.
Nahas stürmt aus seinem Zelt. Er versucht, seine Soldaten zu sammeln. Er schreit und tobt. Vergeblich. Schon fliehen die ersten Ammoniter. Panik hat sie ergriffen.
Sauls Soldaten jagen ihnen nach.
Nahas sieht, daß nichts mehr zu machen ist. Er steigt auf einen Maulesel. Der Esel rennt davon. Nahas verschwindet in einer Staubwolke.
Als die Sonne höher steigt und es heißt wird, sind alle Ammoniter geflüchtet.

Die Männer und Frauen von Jabes jubeln.
Die Torwächter stoßen die Stadttore auf.
Der Bürgermeister Dan, die Einwohner der Stadt und die Flüchtlinge gehen Saul und seinen Soldaten entgegen. Und als Saul und Dan sich umarmen, ruft einer der Männer:
»Saul hat Tausende erschlagen!«
»Saul hat Tausende erschlagen!« rufen alle und klatschen in die Hände.
Saul hebt den Speer mit der Pflugschar in die Höhe.
»Männer und Frauen von Jabes!« ruft er. »Nicht ich habe euch gerettet. Gott hat euch gerettet. Und alle diese Männer aus Israel haben geholfen. Besonders tapfer aber ist mein Vetter Abner gewesen!«
Saul zeigt auf einen Soldaten, der einen Verband über das Gesicht trägt.
»Er hat einen Hieb übers Gesicht bekommen, als er als erster ins Lager der Ammoniter eingedrungen ist«, sagt Saul. »Aber er hat trotzdem weitergekämpft.«
Die Leute klatschen Abner zu.
»Wir werden dem Abner Öl auf die Wunde tun«, sagt Dan. »Dann heilt sie bestimmt schnell.«
Als Saul von Dan in die Stadt begleitet wird, sagt Addar zu den anderen:
»Nicht wahr, der Saul, der wäre doch der richtige König für Israel!«

*

Wie ein Lauffeuer verbreitet sich die Nachricht vom Sieg Sauls über Nahas in ganz Israel.
Samuel schickt von Rama Boten in alle Dörfer. Auf den Marktplätzen und bei den Brunnen rufen sie: »Befehl von Samuel! In drei Tagen sollen alle Israeliten im Heiligtum von Gilgal sein. Wir feiern einen Dankgottesdienst!«
In Gibea packt Jonathan Proviant und das Zelt auf den Esel. Isjo und Abinadab bleiben zu Hause. Nur die Mutter, Michal und Malkisua gehen mit nach Gilgal. So hat es Jonathan bestimmt.
Früh am Morgen brechen sie zusammen mit anderen Männern und Frauen aus Gibea auf. Als die Sonne aufgeht, sehen sie vor sich die Stadtmauer und die Türme von Jerusalem. Malkisua hat noch nie eine so große Stadt gesehen.
»Jerusalem gehört nicht zu Israel«, sagt Jonathan zu Malkisua. »Hier wohnen die Jebusiter.«
»Sind die Jebusiter unsere Feinde?« will Malkisua wissen.
»Nein, sie tun uns nichts«, sagt Jonathan. »Aber wir gehen trotzdem nicht in die Stadt hinein. Der Weg führt dort durch das Kidrontal. Und dann

geht es auf jenen Berg hinauf. Den Ölberg. Wir wollen oben sein, bevor es heiß wird.«
Auf dem Ölberg rasten sie. Immer mehr Menschen kommen den Weg hinauf. Wenn sie Ahinoam und die Kinder sehen, winken sie und rufen: »Saul hat die Ammoniter besiegt! Saul hat Tausende erschlagen!«
Malkisua ist stolz auf seinen Vater.
Am späten Nachmittag wandern sie durch die Wüste ins Jordantal. Tief unten sehen sie den Jordanfluß, der sich wie eine Schlange durch das Tal windet und ins Tote Meer fließt. Der Weg ins Tal hinunter ist steil und steinig. Gegen Abend kommen sie in Jericho an. Am Brunnen füllen sie ihre leeren Wasserschläuche. Dann geht es weiter zum Heiligtum von Gilgal. Das Heiligtum hat einen kleinen Tempel und einen großen steinernen Altar.
Schon von weitem sehen sie die Zelte, die auf dem Platz vor dem Heiligtum aufgestellt sind. Aus dem ganzen Land sind Israeliten nach Gilgal gekommen.
Jonathan stellt das Zelt auf. Malkisua ist so müde, daß er auf dem Boden einschläft, bevor das Zelt steht.
Am anderen Morgen kommt Saul mit den Soldaten von Jabes in Gilgal an. Schon von weitem sieht man seine große Gestalt. In der Hand hält er den Speer mit der Pflugschar. Neben ihm geht Samuel. Samuel war Saul entgegen gegangen.
Leute aus Jabes begleiten Saul und die Soldaten. Auch Addar ist unter ihnen.
Die Priester vom Heiligtum und alle, die in Gilgal auf Saul gewartet haben, gehen ihnen entgegen und rufen: »Saul hat Tausende erschlagen!«
Saul lacht. Er winkt den Israeliten zu. Er umarmt Ahinoam, Jonathan und Michal. Er wirft Malkisua in die Höhe und fängt ihn wieder auf.
Samuel geht zum Heiligtum. Auf dem Altar brennt ein Feuer. Ein Priester führt eine Kuh an einem Strick zum Altar. Samuel legt seine Hand auf den Kopf des Tieres.
Der Priester bindet der Kuh schnell die Beine zusammen und wirft sie auf den Boden. Er reicht Samuel ein Messer. Sekundenlang blitzt die scharfe Klinge in der Sonne auf. Dann schießt das Blut aus dem durchschnittenen Hals des Tieres. Samuel und der Priester fangen das Blut in silberne Schalen auf und schütten es rings um den Altar. Dann schneidet der Priester das Fett aus dem Tier. Samuel trägt es in einer Schale zum Altar hinauf und wirft es ins Feuer.
Jetzt geht Samuel auf Saul zu und sagt so laut, daß es alle hören können: »Israeliten! Gott hat euch aus Ägypten herausgeführt und euch dieses

Land gegeben. Gott hat euch immer wieder aus der Hand eurer Feinde gerettet. Bis jetzt ist Gott euer einziger König gewesen. Die Richter und die Propheten haben euch gesagt, was Gottes Wille ist. Aber ich weiß, daß ihr einen König wollt, wie ihn andere Völker auch haben. So will ich euch jetzt diesen König geben.«
Samuel zieht aus der Ledertasche, die er umgehängt hat, ein Widderhorn. Das Horn ist mit Wachs verschlossen. Samuel löst das Wachs.
Saul kniet vor Samuel nieder.
Samuel hält das Horn über Sauls Kopf und leert das Öl über sein Haar.
Samuel sagt: »Der Herr, der Gott Israels, salbt dich, Saul, zum König über sein Volk. Du sollst herrschen über Israel, und du sollst es erretten aus der Hand aller seiner Feinde.«
Saul steht auf. Sein Gesicht glänzt vom Öl, das ihm über Stirn und Wangen läuft.
Samuel umarmt Saul. Das Volk jubelt.
Malkisua drückt die Hand seines Bruders Jonathan. »Jetzt sind wir Königssöhne«, sagt er.
Das Fleisch des geopferten Tieres wird in Kesseln über dem offenen Feuer gekocht. Von der Stadt Jericho werden Weinschläuche herbeigeschleppt. Die Leute essen und trinken. Musikanten spielen zum Tanz auf.
Saul, Samuel und Jonathan tanzen nicht. Sie sitzen in Sauls Zelt.
»Nicht alle haben Freude, daß du jetzt König bist«, sagt Samuel zu Saul.
»Sie wären wohl selber gern König geworden«, lacht Jonathan.
»Nicht nur das. Viele haben Angst vor den Philistern. Sie sagen: Wenn die Philister erst wissen, daß wir einen König haben, dann könnte es Krieg geben.«
»Das stimmt«, sagt Saul. »Die Philister haben lieber ein schwaches Israel als ein starkes.«
»Vielleicht wissen die Philister bereits, daß wir einen König haben«, sagt Samuel. »Vielleicht rüsten sie bereits zum Krieg.«
»Wir müssen ihnen zuvorkommen«, sagt Jonathan. »Wir müssen die Philisterburg in Gibea angreifen und die Philister verjagen. Jetzt ist der Zeitpunkt günstig. Viele der Soldaten, die gegen die Ammoniter gekämpft haben, sind noch da.«
»Jonathan hat recht«, sagt Samuel. »Wenn wir die Philister aus Gibea verjagen wollen, müssen wir es jetzt tun.«
»Gut«, sagt Saul. »Ich werde sie verjagen.«
»Nein, Vater, laß mich nach Gibea gehen!« sagt Jonathan.
»Kommt nicht in Frage«, antwortet Saul. »Du bist noch viel zu jung.«
»Laß ihn gehen, Saul!« sagt Samuel. »Er ist noch jung. Aber er hat Mut.«

Jonathan stürmt zum Zelt hinaus.
»Wer kommt mit mir nach Gibea, die Philister aus der Burg zu verjagen?« ruft er.
»Ich!« antwortet einer.
»Ich kann nicht«, sagt ein anderer. »Ich muß nach Hause, die Felder pflügen.«
Doch eine Schar ist bereit, mit Jonathan nach Gibea zu ziehen.
»Wer hat zuerst ›Ich‹ gerufen?« fragt Jonathan.
Addar aus Jabes meldet sich.
»Bist du nicht der Bote, den Samuel zu uns nach Gibea geschickt hat?« will Jonathan wissen.
»Ja, der bin ich!«
»Dann mache ich dich zu meinem Waffenträger«, sagt Jonathan.
Zwei Tage später meldet ein Bote Samuel und Saul: »Jonathan hat die Philisterburg angezündet und erobert. Der Vogt ist geflohen. Die Balken und Holzböden der Burg brennen noch immer.«
»Ich werde die Burg wieder aufbauen lassen«, sagt Saul. »Und dann werde ich darin wohnen.«
Am anderen Morgen brechen sie die Zelte bei Gilgal ab. Die meisten Israeliten gehen wieder nach Hause. Einige der Soldaten aber bleiben bei Saul.
»Ein König braucht Soldaten«, sagen sie.
»Und die Soldaten brauchen einen Hauptmann«, sagt Saul.
»Ich mache meinen Vetter Abner, der in Jabes so tapfer gekämpft hat, zum Hauptmann über meine Soldaten.«

Die Verwerfung

1. Samuel 15

Vorbemerkung

Die *Amalekiter* waren ein Beduinenvolk, das die Steppen südlich vom Gebirge Juda und die Wüste der Sinai-Halbinsel bewohnte. Schon in der mosaischen Zeit kam es zu Auseinandersetzungen zwischen den Amalekitern und den Israeliten. Sie wurden bei Rephidim von Josua besiegt (2. Mose 17,8–16), griffen dann aber zusammen mit den Kanaanitern die Israeliten wieder an, als diese von Kades aus ins südliche Kanaan eindringen wollten (4. Mose 14,45). Von weiteren Angriffen der Amalekiter ist in den Erzählungen von Ehud (Richter 3,13) und Gideon (Richter 6,3.32; 7,12) die

Rede. Auch Saul mußte gegen die Amalekiter kämpfen, und erst David gelang es, sie endgültig zu besiegen (1. Samuel 30).
Die *Verwerfung* Sauls wird an verschiedenen Stellen der Bibel mit wechselnden Begründungen erwähnt. Nach 1. Samuel 15 wird Saul verworfen, weil er nach der Amalekiterschlacht den *Bann* an der Beute nicht vollzogen hatte. Dieser Bann machte alles, was mit ihm belegt wurde, für menschliche Nutzung verboten. Gebannte Menschen und Tiere mußten ohne Ausnahme mit dem Schwert getötet, gebannte Siedlungen, Häuser und Habe verbrannt werden.
Die Tragik von Sauls Lebens besteht darin, daß er sich zwar von Gott berufen weiß, daß er aber dennoch nicht ein Mann »nach dem Herzen Gottes« ist. Es wäre falsch, einfach den nicht vollzogenen Bann zur Ursache der Verwerfung zu machen. Davids spätere Sünde gegen Uria war schrecklicher, und doch wurde ihm vergeben. Vielmehr geht es auch bei Sauls Leben einmal mehr um Gottes Führung, die letztlich nicht begründet werden kann. Im »Death March« in Händels Oratorium »Saul« vermeine ich etwas von diesem Geheimnis, das Sauls Berufung, Verwerfung und die Tragik seines Lebens umgibt, herauszuhöhren.
Philister: Siehe Erzählung »David am Hof«!

Erzählung

Viele Monate sind vergangen, seit Jonathan die Philisterburg erobert hat. Jonathan steht auf der Treppe vor dem Eingang der Burg. Er schaut auf die Reihe Soldaten, die auf seine Befehle warten.
Jeden Morgen übt Jonathan mit den Soldaten seines Vaters im Burghof das Speerschießen.
Die Burg ist aus mächtigen Steinen gebaut. Aus den Fugen zwischen den Steinen wachsen Moos und Pflanzen. Die Burg steht in einer der vier Ecken des Hofes. Der Hof ist von einer hohen Mauer umgeben.
»Angreifen!« ruft Prinz Jonathan.
Die Soldaten stürmen los. Sie rennen über den Hof auf die Stallungen und Schuppen zu, die auf der anderen Seite des Burghofes stehen. Vor den Stallungen sind Zielscheiben aufgestellt.
Jonathans Augen folgen den Soldaten.
Es ist heiß. Den Soldaten rinnt der Schweiß über die nackten Rücken.
»Schießen!« ruft Jonathan.
Blitzschnell biegen sich die Körper der Soldaten nach hinten und schnellen nach vorn. Die Speere fliegen gegen die Zielscheiben. Ihre Spitzen bohren sich in das Holz. Nur wenige verfehlen das Ziel.

»Eleadar! Eser! Bereth!« ruft Jonathan. »Ihr müßt stärker werfen! Ihr müßt den Körper weit nach hinten beugen und dann die ganze Kraft in den Speer übertragen. Schaut her!«
Jonathan streckt seine Hand aus. Sein Waffenträger Addar gibt ihm einen Speer.
Jonathan macht ein paar Schritte, beugt sich nach hinten und schleudert den Speer über den Hof. Der Speer bleibt mitten in einer der Zielscheiben stecken.
»Holt eure Speere!« befiehlt Jonathan. »Wir machen die Übung noch einmal!«
Eser bleibt stehen. Er atmet schwer. Er reißt sich sein rotes Schweißtuch von der Stirn und wischt sich sein Gesicht ab.
»Los, Eser! Hol den Speer!« ruft Jonathan.
Eser rührt sich nicht.
»Was ist los, Eser?«
Jonathan geht auf ihn zu.
»Es hat ja doch keinen Zweck!« sagt Eser. »Mit unseren armseligen Speeren und Keulen können wir nichts gegen die Philister ausrichten.«
»Red keinen Unsinn!« sagt Addar. »Haben wir nicht die Ammoniter besiegt? Und haben wir nicht die Philister aus Gibea verjagt?«
»Ja, verjagt haben wir sie», sagt Eser. »Aber eben: nur verjagt. Für eine kurze Zeit. Und nur einen kleinen Teil von ihnen. Ihr werdet es sehen: die kommen wieder! Mit ihren Rüstungen kommen sie. Und mit ihren Schwertern. Mit ihren Streitwagen. Und mit dem Goliath aus Gath. Das soll ein Gewaltskerl sein. Fast zwei Köpfe größer als König Saul!«
»Wir dürfen eben keine Angst vor den Philistern haben«, sagt Addar. »Auch wenn sie stärker sind als wir, dürfen wir keine Angst haben. Wir müssen mutig sein. Und unerschrocken. Und...«
»... und Gottvertrauen müssen wir haben«, sagt Jonathan. »Hat uns damals in Jabes nicht Gott geholfen? Er wird uns auch vor den Philistern nicht im Stich lassen!«
»Jonathan!«
Aus der Burg kommt Michal. Sie trägt auf dem Kopf einen Tonkrug. Malkisua begleitet sie.
»Ich bring euch etwas zu trinken«, sagt Michal. »Ich hab von oben gesehen, wie ihr geschwitzt habt.«
Jonathan lächelt. Michal denkt an alles! Er gibt seiner Schwester einen Kuß.
»Mir auch!« bettelt Malkisua.
Die Soldaten lachen. Der Krug geht von Mund zu Mund.

Durch den Torbogen eilen zwei Männer in den Hof. Es sind Abinadab und Isjo. Abinadab fuchtelt mit seinem Hirtenstecken in der Luft herum. »Die Philister!« ruft er. »Wir sind auf der Weide vor dem Dorf gewesen. Dort, wo es ins Tal hinuntergeht. Da haben wir sie gesehen! Auf dem Hügel auf der anderen Talseite schlagen sie ihre Zelte auf. Ihre Waffen blitzen in der Sonne. Sie werden uns sicher angreifen. Und uns Gibea wieder wegnehmen!«
»Hab ich es nicht gesagt!« ruft Eser. »Die Philister werden wiederkommen – hab ich gesagt. Und schon sind sie da!«
»Blas ins Horn, Elieser!« ruft Jonathan.
Der Wachsoldat am Torbogen bläst ins Horn.
Die Bauern von Gibea verlassen ihre Felder. Sie holen in ihren Häusern Keulen, Speere und Steinschleudern. Boten eilen in die Nachbarsdörfer: »Die Philister greifen uns an! Alle Männer sollen mit ihren Waffen nach Gibea zum König Saul kommen!«
Jonathan und Michal gehen in die Burg. Im Erdgeschoß liegt die Küche. Sie ist schwarz und voller Rauch. Über dem Feuer hängt ein großer Topf. »Mach genug Suppe!« ruft Jonathan dem Koch zu. »Die Soldaten sind hungrig. Und die Männer, die kommen, um zu helfen, auch.«
Jonathan und Michal gehen die Treppe hinauf. Im ersten Stock sind die Zimmer des Königs: das Regierungszimmer, das Schlafzimmer und das Waffenzimmer. Vor der Tür stehen zwei Soldaten Wache.
»Geh zur Mutter und zu Merab«, sagt Jonathan zu Michal. »Sag der Mutter, sie soll Proviant bereitstellen!«
Jonathan geht an den Wachsoldaten vorbei in das Regierungszimmer. König Saul sitzt auf seinem Thron. Der Thron ist ein Stuhl aus Holz mit einer Lehne. Er ist mit roten Kissen gepolstert.
Vor Saul steht Abner. Eine rote Narbe läuft ihm von der Stirn über das Gesicht bis zum Kinn. Die Narbe ist das Andenken an die Schlacht bei Jabes. Wenn Abner ungeduldig ist, kratzt er sich an seiner Narbe.
Auch Abinadab und Isjo sind im Zimmer. Abinadab hat noch immer seinen Hirtenstecken in der Hand.
»Wie viele Philister habt ihr gesehen?« will Saul wissen.
»Wir konnten sie nicht zählen, so viele waren es«, sagt Abinadab. »Hunderte. Vielleicht Tausende.«
»Wir müssen sie angreifen!« sagt Jonathan.
»Es sind zu viele!« sagt Abner. »Und noch etwas: Wenn wir sie angreifen, müssen wir bergaufwärts kämpfen. Das hat keinen Sinn. Da sind wir verloren.«
»Wir müssen angreifen!« sagt Jonathan. »Wir müssen sie überraschen.

Nur so können wir sie verjagen.«
»Wir sind zu schwach«, sagt Abner.
»Und als wir die Ammoniter besiegt haben?« sagt Jonathan. »Haben wir da auch gesagt: Wir sind zu schwach? Da haben wir nicht lange gefragt. Da haben wir es gewagt. Und haben auf Gott vertraut.«
»Wir sind zu schwach«, sagt Abner und kratzt sich an seiner Narbe. Saul seufzt.
Er denkt nach.
Endlich hat er einen Entschluß gefaßt.
»Wir greifen nicht an«, sagt er. »Aber wir halten uns bereit. Alle Soldaten sollen sich auf dieser Seite des Tales sammeln. Und dann wollen wir sehen, was die Philister machen. Abinadab und Isjo: Ihr holt die Maultiere aus den Stallungen und sorgt dafür, daß sie mit Proviant, Wasser und Zelten beladen werden. Abner: Du gibst den Soldaten den Befehl, sich bereit zu halten. Jonathan: Du bestimmst zwei Späher, die die Philister beobachten. Morgen früh brechen wir auf!«

*

Ein Tag später. Die Sonne brennt heiß in das Tal und auf die beiden Hügel. Saul sitzt im Schatten eines Baumes. Die Soldaten dösen vor sich hin. Ein paar schlafen.
Hinter Saul und den Soldaten liegt das Dorf Gibea mit der Königsburg. Und vor ihnen, auf der andern Seite des Tales, lagern die Philister.
»Ich habe die Warterei satt«, sagt Jonathan zu Addar. »Wenn wir die Philister jetzt nicht verjagen, dann verjagen sie uns.«
Jonathan schaut zu den Zelten der Philister hinüber. Zwei Wachtsoldaten stehen beim Eingang des Lagers.
»Bei den Philistern schlafen sie auch«, sagt Jonathan. »Die Hitze macht müde.«
»Es ist wie damals in Jabes«, antwortet Addar. »Da haben die Ammoniter auch geschlafen.«
»Du bringst mich auf eine Idee, Addar«, sagt Jonathan. »Wenn es in Jabes gelungen ist, wird es auch hier gelingen. Wir schleichen uns jetzt an die Wachtposten der Philister heran. Und wenn einer uns sieht und sagt: Steht still! – dann rennen wir wieder zurück. Wenn er aber sagt: Kommt doch! – dann wollen wir das als Zeichen Gottes nehmen und sie angreifen.«
Addar lacht: »Du hast immer gute Einfälle, Jonathan! Mit dir ist es nie langweilig!«
Jonathan und Addar machen sich heimlich davon. Sie schleichen ins Tal hinunter und auf der anderen Seite des Hügels hinauf. Schon sind sie fast

oben, da entdeckt sie ein Wachtposten der Philister. Die beiden verstecken sich schnell hinter einem Stein. Aber der Philister lacht nur: »Schau, da kommen zwei israelitische Würmlein aus ihren Löchern! Kommt nur herauf, dann wollen wir ein Wörtlein mit euch reden!«
»Los!« sagt Jonathan zu Addar. »Greifen wir sie an! Er hat ja selber gesagt, wir sollen kommen!«
Der Philister hatte erwartet, daß die beiden jungen Männer fliehen würden. Jetzt, als sie auf ihn zurennen und ihre Keulen schwingen, erschrickt er.
»Hilfe!« schreit er. »Hilfe! Der Feind kommt! Der Feind kommt!«
Die Philister erwachen. Sie reiben sich die Augen aus. Sie springen auf.
»Feind! Feind!« rufen sie.
Und: »Wo? Wo?«
Saul sitzt noch immer unter dem Baum auf der andern Seite des Tales. Er hört die Rufe der Philister. Er sieht, wie sie im Lager umherrennen.
»Los!« ruft er. »Sie greifen uns an!«
Sauls Soldaten stürmen ins Tal und auf der andern Seite den Hügel hinauf. Die Zelte der Philister stürzen zusammen. Die Soldaten rennen Hals über Kopf davon.
Als Saul und seine Krieger nach Gibea zurückkehren, stehen die Frauen und Mädchen vor der Burg. Sie klatschen in die Hände und rufen wie damals in Jabes: »Saul hat Tausende geschlagen!«
Saul ist stolz auf Jonathan.
»Wenn ich einmal alt bin«, sagt er zu ihm, »wirst du König werden. Und ich glaube, daß du ein guter König sein wirst. Du hast Mut und bist tapfer.«
Bis tief in die Nacht hinein brennen im Burghof Feuer. Die Soldaten essen, trinken und lachen.
»Denen haben wir es gezeigt!« sagt Addar.
»Aber nicht für lange!« ruft Eser. »Wartet nur: die kommen wieder!«

*

Ein Jahr vergeht. Und wieder ist Krieg.
Diesmal bedrohen die Amalekiter die Israeliten. Die Amalekiter sind ein wildes Volk, das zwischen Israel und Ägypten lebt.
Saul zieht den Amalekitern mit seinen Soldaten entgegen und schlägt sie.
Die Beute ist reich: eine ganze Herde von Schafen und Rindern fällt Sauls Soldaten in die Hände.
Die Soldaten treiben die Herde vor sich her. Die Schafe blöken. Die Rinder brüllen.

»Brüllt und blökt nur!« rufen die Soldaten. »Auf den Weiden in Gibea gibt es für euch saftiges Gras!«
Schon sehen sie in der Ferne die Burg.
Da kommt ihnen ein Mann entgegen.
»Samuel!« ruft Saul.
Saul freut sich, Samuel zu sehen. Er geht ihm entgegen und ruft: »Wir haben die Amalekiter besiegt!«
Samuel bleibt stehen. Seine grauen Augen blicken Saul streng an.
Er sagt: »Was ist das für ein Blöken von Schafen und ein Brüllen von Rindern, das ich da höre?«
»Die Soldaten haben das Vieh aus Amalek heimgebracht!«
»Weißt du nicht, Saul, daß es in Israel ein Gesetz gibt? Weißt du nicht, daß es in diesem Gesetz heißt, man soll keine Beute machen? Weißt du nicht, daß Gott dies uns befohlen hat?«
»Aber ein Bauer kann doch die Tiere nicht einfach töten. Sie bringen uns Nutzen!« sagt Saul.
»Du bist nicht Bauer«, sagt Samuel. »Du bist König.«
»Wir können die Tiere ja immer noch Gott opfern«, sagt Saul.
»Gott will Gehorsam und nicht Opfer«, sagt Samuel mit harter Stimme.
»Denn Gehorsam ist besser als Opfer. Und weil du Gottes Wort verwirfst, darum verwirft Gott dich!«
Saul erschrickt. Er wird bleich.
»So hör doch, Samuel!« sagt er. »Nicht ich bin es gewesen, der die Tiere mitgenommen hat. Die Soldaten haben es so gewollt.«
»Umso schlimmer«, erwidert Samuel. »Ein König, der nicht befehlen kann, ist kein König. Und ein König, bei dem die Soldaten machen können, was sie wollen, ist nicht wert, weiterhin König zu sein.«
Samuel dreht sich um und will davongehen.
Aber jetzt wird Saul wütend. Mit einem Satz ist er bei Samuel, packt mit seiner Bauernfaust Samuels Kleid und zerrt ihn zurück.
Da reißt das Kleid.
Saul steht da mit einem Stück Tuch in der Hand.
Samuel dreht sich um. Traurig schaut er Saul an. Dann sagt er: »So, wie du mir dieses Stück Stoff vom Kleid gerissen hast, so entreißt dir Gott das Königtum über Israel!«
Samuel geht davon.
»Komm, Vater!« sagt Jonathan. »Der Samuel ist ein alter Mann. Die Gesetze, von denen er redet, sind von früher. Heute muß man anders denken. Vergiß, was er gesagt hat!«
Aber Saul kann nicht vergessen.

Den Tuchfetzen hält er in der Hand, bis er zu Hause ist.
Wie unter einem Zwang legt er ihn auf seinen Thron.
Und in der Nacht träumt er von Samuel.
Samuel kommt ihm entgegen. Zuerst ist er ganz weit weg und ganz klein. Dann kommt er immer näher und wird größer und größer. Jetzt steht er vor ihm und schaut ihn mit seinen grauen Augen streng an. Dann sagt er laut: »So, wie du mir dieses Stück Stoff vom Kleid gerissen hast, so entreißt dir Gott das Königtum über Israel!«
Saul erwacht. Sein ganzer Körper ist naß. Er steht auf. Er geht vom Schlafzimmer ins Regierungszimmer. Er läuft im Zimmer hin und her. Er findet keine Ruhe.
Erst am Morgen, als die Sonne aufgeht, schläft Saul auf seinem Thron ein. In der Faust hält er den Tuchfetzen aus Samuels Kleid.

Die Salbung

1. Samuel 16, 1–13

Vorbemerkung

Bethlehem liegt 9 km südlich von Jerusalem im Gebirge Juda, nahe der Wasserscheide zwischen Mittelmeer und Totem Meer. Seine mittlere Höhe beträgt ungefähr 800 Meter. Das Dorf besaß eine *Opferstätte*. Schon in alter Zeit führte die verkehrsreiche Straße, die den Norden Palästinas mit Hebron und Ägypten verband, an Bethlehem vorbei. Unter Rehabeam, dem Sohn Salomos, wurde das Dorf zur ummauerten Stadt. Bethlehem war Heimatort zahlreicher judäischer Berühmtheiten und Helden. *Isai* (auch: Jesse) ist der älteste Sohn Obeds und ein Enkel des Boas und der Ruth (1. Chronik 2, 11–17). Der Zuname »Ephratiter« stammt von einem Flurnamen bei Bethlehem. Nach 1. Samuel 16,10 ist *David* (»Liebling«) der achte Sohn Isais, während in 1. Chronik 2 nur sieben Söhne (Eliab, Abinadab, Simea, Nethaneel, Raddai, Ozem, David) genannt sind. David wird schon zu Beginn als gewinnende Persönlichkeit geschildert: rotblondes Haar, schöne Augen, gute Gestalt. Und doch ist er in der Ordnung der Familie der letzte, kleinste und unbedeutendste. Aber Vers 7 macht klar, daß Gottes Heilsplan sich nicht nach menschlichen Ansichten, Ordnungen und Realitäten richtet: Nicht der äußere Schein, sondern das »Herz« ist maßgebend, wobei Herz im Alten Testament der Sitz

aller geistigen Tätigkeiten des Menschen ist. Aber auch dort, wo das »Herz« versagt, geht Gottes Plan seinem Ziel entgegen.
Erwähnt werden in der Bibel auch zwei *Schwestern* Davids: Zeruja und Abigail. Von Zerujas Mann erfahren wir nichts. Ihre drei Söhne (Abisai, Joab – der spätere Oberbefehlshaber über Davids Armee – und Asahel) werden immer mit dem Zusatznamen der Mutter benannt. Abigail hatte einen Sohn namens Amasa von einem gewissen Jether, mit dem sie verkehrt hatte (2. Samuel 17, 25). Amasa wurde unter Absalom an Joabs Stelle Hauptmann über das Heer.
Die *Schleuder* war dem Bogen überlegen, weil sie handlicher war, die Munition einfacher beschafft werden konnte und ihre Schußweite (etwa 200 Meter) und Treffsicherheit diejenige des Bogens übertraf. Nach Vardiman »Nomaden« (Heyne TB 980) benutzen noch heute die Schafhirten im Süden Israels die gleichen primitiven Schleudern wie David. Sie besteht aus einem geflochtenen Wollband, das in der Mitte zu einer fünf bis sechs Zentimeter breiten Schleuderpfanne ausgebuchtet ist. Das Band hat eine Länge von etwa 120 Zentimeter. An einem Ende befindet sich eine Schlinge, durch die der Schütze den Mittelfinger der rechten Hand steckt. Das andere Ende faßt er mit der Hand, legt einen Stein in die Pfanne und läßt die Schleuder um den Kopf wirbeln. Sobald er das eine Ende losläßt, schleudert der Stein auf sein Ziel.
Leier: Siehe Erzählung »David am Hof«! Beim Lied handelt es sich um Psalm 27, 1–2.
Salbung: Siehe Erzählung »Der König«!
In welcher Weise Samuel die *Weihe* der männlichen Mitglieder der Familie Isais durchführte, erfahren wir nicht. Vielleicht handelt es sich um eine rituelle Waschung oder um eine Segnung als Voraussetzung für das Betreten der Opferstätte. Ich stelle mir vor, daß die Vorstellung der Söhne Isais und die Salbung Davids nach dem Opfer geschehen.
Ich erzähle die Geschichte aus der Sicht Davids und seiner Brüder. Da Samuel nicht sagt, daß er David zum König salbt, lasse ich die Frage unbeantwortet stehen: Warum salbt Samuel David? Will er ihn zu seinem Propheten machen?

Erzählung

»Man darf das Wollband nicht zu eng flechten«, sagt David zu Joab. »Die Schleuder muß elastisch sein. Sonst bringst du den Stein nicht einmal von hier bis zur Scheune!«

David und Joab kauern im Schuppen hinter der Ölpresse. Mit flinken Fingern flicht David an seiner Schleuder.
Eigentlich ist David Joabs Onkel. Denn Joab ist der zweitälteste Sohn von Davids Schwester Zeruja. Aber David und Joab sind beinahe gleich alt. So sind sie wie Geschwister, und wenn David etwas unternimmt, ist Joab immer mit dabei.
Joab ist auch der einzige, der Davids Versteck hinter der Ölpresse kennt. Es ist ein gutes Versteck. Man muß klein sein, um hinter die Presse schlüpfen zu können. Niemand kann einen hier finden. Und doch kann man von da aus den ganzen Hof überblicken.
Vier Gebäude umgeben den Hof: der Schuppen, das Wohnhaus, die Scheune und die Mauer mit dem Tor.
Rechts vom Schuppen steht das Wohnhaus. David hört das Knirschen der Handmühle und das Singen der Mutter bei der Arbeit.
Gegenüber dem Schuppen liegt die Scheune. Sie ist gefüllt mit Säcken, Krügen und Fässern, die voll sind von Korn, Wein und Olivenöl.
Links schließt eine hohe Steinmauer mit einem großen Holztor den Hof ab.
Jetzt hat David seine Schleuder fertig. Prüfend schaut er sie an.
Das geflochtene Wollband ist zwei Finger breit und fast dreimal so lang wie sein Arm. In der Mitte – dort, wo der Stein hinkommt, – ist es breiter. An dem einen Ende des Bandes befindet sich eine Schlinge.
David stülpt die Schlinge über den Mittelfinger seiner rechten Hand. Das andere Ende der Schleuder hält er mit Zeigefinger und Daumen fest.
David ist mit seinem Werk zufrieden. »Das ist die beste Schleuder, die es gibt«, sagt er zu Joab.
»Machst du mir auch eine?« bettelt Joab.
»Machen mußt du sie selber! Ich helfe dir. Aber zuerst probieren wir meine aus!«
»Der Töpfer hat mir letzte Woche eine Ohrfeige gegeben, weil ich ihm die Zunge rausgestreckt habe«, sagt Joab. »Könntest du ihm nicht ein paar Töpfe zusammenschießen?«
»Du bist ein Schlingel, Joab«, sagt David.
Gerade als die beiden den Schuppen verlassen wollen, kommen Davids Vater und Davids Bruder Eliab aus dem Haus.
David und Joab schlüpfen wieder hinter die Ölpresse.
»Er ist noch viel zu klein, unser David«, sagt Eliab. »Stell dir doch vor, Vater: den ganzen Tag allein mit über hundert Schafen! Ein paar Stunden von Bethlehem entfernt! Und weit und breit kein Mensch! Das ist noch nichts für unseren Kleinen!«

Eliab fährt mit den Fingern durch seinen Bart.
Eliab ist der älteste von den sieben Söhnen des Bauern Isai in Bethlehem.
Eliab ist groß und stark, und sein Wort gilt etwas beim Vater.
»Du hast schon recht, Eliab«, antwortete der Vater. »David ist noch klein. Aber er ist schlau. Und schnell. Und außerdem brauche ich den Raddai und den Ozem auf dem Feld. Sie müssen pflügen und säen lernen. Die Zeiten sind schlimm. Wenn uns die Philister angreifen, müßt ihr, die vier ältesten, mit König Saul in den Krieg ziehen. Und dann muß David ohnehin die Schafe hüten.«
»Er ist noch zu klein!« sagt Eliab.
»Zu klein! Zu klein! Immer: zu klein!« flüstert David im Schuppen. Sein Gesicht ist rot vor Zorn. Er beißt sich auf die Lippen und ballt die Fäuste, bis die Knöchel weiß werden.
»Ein Hirte muß stark sein«, sagt Eliab draußen auf dem Hof und fährt mit den Fingern durch seinen Bart.
»Und Erfahrung muß er auch haben! Ich bin erst mit fünfzehn allein mit der Herde in die Steppe gegangen. Und damals war ich einen Kopf größer als der Kleine jetzt ist.«
»Wichtigtuer!« zischt David. »Großer, alter, dummer Wichtigtuer!«
»Stell dir die Gefahren vor, Vater!« sagt Eliab. »Was soll unser Kleiner machen, wenn Räuber kommen? Oder ein Bär? Oder ein Löwe?«
»Denen werd ich es schon zeigen!« ruft David.
Er hat es im Schuppen nicht mehr ausgehalten. Mit einem Satz steht er im Hof vor dem Vater und dem Bruder.
Auch Joab klettert aus dem Versteck.
Eliab lacht. »Schaut euch die beiden Spione an!« sagt er. »Und einen Kopf hat unser Kleiner! Rot wie die untergehende Sonne!«
»Ich bin nicht dein Kleiner, du Wichtigtuer!« ruft David und stampft auf den Boden. »Ich habe mir eine neue Schleuder gemacht. Und mit der treffe ich auf hundert Schritt jeden Bären. Und jeden Löwen. Und jeden Räuber!«
Der Vater lächelt. Er hat seinen Jüngsten gern. Er hat die gleichen rotblonden Haare und die gleichen großen hellen und lebhaften Augen wie die Mutter.
Isai geht in den Schuppen. In einer Ecke liegen zerbrochene Tonkrüge. Der Vater sucht eine Scherbe heraus. Sie ist nicht größer als seine Faust. Er geht zum Hoftor und stellt die Scherbe auf einen Holzbalken des Tors.
»Zeig uns jetzt, ob du die Wahrheit sagst, David!«
Davids Augen leuchteten. Sorgfältig sucht er im Hof einen Stein. Glatt muß der Stein sein. Und nicht zu groß und nicht zu klein.

Jetzt hat er den richtigen gefunden. Er legt ihn in die Mitte der Schleuder. Er faßt die Enden zusammen. Er läßt den Stein ein paarmal hin und her baumeln, immer höher, bis sich die Schleuder mit dem Stein im Kreis dreht und die Luft wie von einem Bienenschwarm brummt und schwirrt.
Jetzt läßt David das eine Ende der Schleuder los. Der Stein schießt davon.
Ein Knall: Die Tonscherbe zerstiebt in Stücke.
Joab klatscht in die Hände.
Eliab starrt David an.
David lächelt.
»Eliab! Hol Raddai und Ozem!« befiehlt der Vater. »Sie sollen mit dir das Feld in der Ebene unten pflügen. Und wenn die Regenzeit um ist, dann geht David mit der Herde auf die Weideplätze!«
»Mutter! Mutter!«
David rennt ins Haus. Das Haus hat nur einen einzigen Raum. In der Mitte brennt ein Feuer. Die Mutter sitzt am Boden und dreht die Handmühle.
»Ich darf die Schafe hüten!« ruft David und schwingt seine Schleuder. »Der Vater hat's gesagt!«
Die Mutter lächelt.
Sie streicht sich die Haarsträhne aus dem Gesicht. Ihre Hände sind weiß vom Mehl.
»Hast du denn keine Angst vor den wilden Tieren?« fragt sie.
»Ich habe ja meine Schleuder!« sagt David.
»Die Schleuder hilft nicht immer«, sagt die Mutter. »Nur Gott kann immer helfen.«
Eine Weile ist es still. Man hört nur das Knistern des Feuers und das Knirschen der Mühlsteine.
»Sing mir das Lied von der Zuflucht«, sagt die Mutter.
An der Wand hängt eine Leier. Zehn Saiten sind über einen geschnitzten Holzrahmen gespannt.
David holt die Leier. Seine Hände fahren über die Saiten.
David singt:

> »Gott ist mein Licht und mein Heil,
> vor wem sollte ich mich fürchten?
> Der Herr ist meines Lebens Zuflucht,
> vor wem sollte ich erschrecken?
> Wenn Bösewichte mich überfallen,
> mich zu zerfleischen,
> meine Dränger und meine Feinde,
> so müssen sie straucheln und stürzen.«

Hell klingt Davids Stimme durch das große Zimmer. Es ist ein altes Lied, das er singt. Und doch tönt es aus Davids Mund wie neu.
Als David fertig ist, fährt ihm die Mutter mit der Hand durch die langen rotblonden Haare. Sie lächelt und sagt: »Wenn du singst, David, wird alles Dunkle hell, und alles Schwere wird leicht.«

*

Als die Regenzeit vorbei ist und die Wiesen und die Steppe grün werden, geht David mit den Schafen auf die Weide.
Wenn er einen Weideplatz gefunden hat, holt er seine Schleuder aus der Hirtentasche. Jeden Tag übt er stundenlang. Immer kräftiger und genauer wird sein Schuß. Den Stamm eines Olivenbaums trifft er jetzt schon auf hundertachtzig Schritte.
Auch seine Leier hat er immer bei sich. Am Nachmittag, wenn die Sonne hoch am Himmel steht und die Schafe vor sich hindösen, und am Abend, wenn es kühler zu werden beginnt, singt er:

> »Gott ist mein Licht und mein Heil,
> vor wem sollte ich mich fürchten?
> Der Herr ist meines Lebens Zuflucht,
> vor wem sollte ich erschrecken?
> Wenn Bösewichte mich überfallen,
> mich zu zerfleischen,
> meine Dränger und meine Feinde,
> so müssen sie straucheln und stürzen.«

An einem solchen späten Nachmittag geschieht es.
Schon lange hat der Löwe hinter dem Busch gelauert. Jetzt schleicht er langsam vorwärts. Er duckt sich im Gras. Sein Bauch berührt den Boden.
Die Schwanzquaste zittert.
Noch merken die Schafe nichts.
Erst als der Löwe springt, stieben sie blökend auseinander.
David springt auf.
»Gauner! Tagedieb! Räuber!« ruft er. In der Rechten schwirrt seine Schleuder.
Der Löwe wittert Gefahr. Er läßt von den Schafen ab. Knurrend geht er auf David zu.
Da trifft ihn der Stein. Genau auf die Nase.
Der Löwe brüllt auf. Er schüttelt die Mähne.
Ein zweiter Stein trifft ihn.
Das Tier springt auf und rennt davon.
»Gauner! Tagedieb! Räuber!« ruft ihm David mit erhobener Faust nach.

»Geh nach Hause! Und laß dich nie wieder hier blicken! Sonst reiße ich dir deinen Bart aus!«
Als es Nacht wird, treibt David die Schafe in die Hürde. Er ißt vom Brot und vom Fleisch, das ihm die Mutter mitgegeben hat. Manchmal bringt ihm Joab neuen Proviant. Wenn er gegessen hat, legt er sich zu den Schafen. Ihre Pelze geben ihm warm. Hoch über ihm funkeln am dunklen Himmel Tausende von Sternen.
Bevor er einschläft, betet David:

»Gott ist mein Licht und mein Heil,
vor wem sollte ich mich fürchten?
Der Herr ist meines Lebens Zuflucht,
vor wem sollte ich erschrecken?
Wenn Bösewichte mich überfallen,
mich zu zerfleischen,
meine Dränger und meine Feinde,
so müssen sie straucheln und stürzen.«

*

Der Sommer geht zu Ende. Das Gras wird gelb und dürr. Die Hirten ziehen mit ihren Herden nach Hause.
Isai hat mit seinen Söhnen die Ernte eingebracht. Scheune und Vorratskammer sind gefüllt mit Weizen, Nüssen, Dörrfleisch, Knoblauch, Granatäpfeln und Olivenöl. Feigen und Trauben sind zum Trocknen ausgebreitet.
»Morgen oder übermorgen kommt David mit den Schafen heim«, sagt Isai beim Aufstehen zur Mutter. »Bestimmt ist er mit der Herde schon ganz in der Nähe von Bethlehem!«
Da klopft es ans Hoftor.
Der Vater öffnet.
Ein alter Mann steht vor ihm. Er hat schneeweiße lange Haare; ein gewaltiger Bart und borstige Augenbrauen bedecken sein ganzes Gesicht. Zwei graue Augen blicken Isai streng an. Der Mann führt eine junge Kuh an einem Strick mit sich.
Isai erschrickt.
»Weshalb kommt der Prophet Samuel zu mir?«
Tief verbeugt er sich vor dem Mann.
Seine Stimme zittert.
»Willkommen Samuel!« sagt er.
»Friede sei mit dir!« antwortet Samuel.

»Bedeutet dein Kommen Gutes oder – was Gott verhüten möge – Schlechtes?« fragt Isai.
»Gutes!« sagt Samuel kurz. »Ich bin nach Bethlehem gekommen, um Gott ein Opfer darzubringen. Komm mit all deinen Söhnen zum Altar auf den Gotteshügel dort oben!«
Samuel geht den Weg hinauf zum Gotteshügel. Auf dem Hügel steht ein Steinaltar. Samuel zündet auf dem Altar ein Feuer an.
Eine Stunde später kommt Isai mit seinen Söhnen.
Samuel fesselt die Kuh. Blitzschnell durchschneidet er ihr mit einem scharfen Messer die Kehle. Ein Blutstrahl schießt hervor. Samuel schneidet das Fett und die Eingeweide aus dem Tier. Er legt sie ins Feuer. Er spricht ein Gebet.
Dann sagt er zu Isai: »Dein ältester Sohn soll zu mir kommen!«
Eliab steht vor Samuel. Lange schaut Samuel ihn an.
»Was für ein stattlicher, kräftiger junger Mann!« denkt Samuel. Er greift mit der Hand in die Ledertasche, die er umgehängt hat. Er zögert. Er zieht die Hand wieder zurück.
»Er ist es nicht«, sagt Samuel wie zu sich selber. »Gott sieht nicht auf das, worauf der Mensch sieht. Der Mensch sieht auf den äußeren Schein. Gott aber sieht auf das Herz.«
Das Feuer auf dem Altar lodert. Der Rauch steigt zum Himmel.
»Dein zweitältester soll zu mir kommen, Isai!« befiehlt Samuel. Abinadab steht vor Samuel.
Samuel mustert ihn. Dann sagt er: »Er ist es nicht! Der nächste soll kommen!«
Simea kommt zu Samuel. Und Samuel sagt: »Der ist es auch nicht.«
Jetzt steht Nethaneel vor Samuel. Dann kommt Raddai. Zu beiden sagt Samuel: »Der ist es auch nicht!«
Zuletzt kommt Ozem. Und Samuel sagt: »Auch der ist es nicht! Sind das alle deine Söhne, Isai?«
»Nur der jüngste fehlt«, sagt Isai. »Er hütet die Schafe!«
»Hol ihn!«
»Aber er ist doch bei den Schafen. Ich weiß nicht einmal...«
»Hol ihn!« Samuels Stimme ist laut und hart.
»Eliab! Schick Joab auf die Weide! Er soll David suchen!«
Stunden vergehen.
Da rennt eine Gestalt den Hügel hinauf.
»Unser Kleiner!« sagt Eliab.
Jetzt steht David vor Samuel. Er weiß nicht, was mit ihm geschieht. Alles geht schnell. Er will fragen. Aber er getraut sich nicht.

Samuel hält ein Widderhorn in der Hand. Das Horn ist mit Wachs verschlossen. Samuel löst das Wachs. Er hält das Horn über Davids Kopf. Öl tropft auf sein Haar. Ein scharfer Geruch verbreitet sich. Es duftet nach dem Harz der Zedernbäume.
David steht ganz still da.
Das Öl läuft ihm über das Gesicht.
Als David aufschaut, blicken ihn zwei graue Augen unter buschigen Brauen an, als wollten sie ihn durchbohren.
David weicht dem Blick nicht aus. Da ist es ihm, als ob Samuel unter dem Bart lache.
»Das Opfer ist beendet!« sagt Samuel. Ohne ein weiteres Wort geht er weg, den Hügel hinunter.
Isai schüttelt den Kopf.
»Was hat das zu bedeuten?« fragt er.
Eliab lacht: »Unser Kleiner ist gesalbt worden!«
»Wie ein König!« sagt Abinadab.
»Der kleine David als König!« lacht Ozem.
Isai blickt Ozem und Abinadab zornig an.
»Redet keinen Unsinn!« sagt er. »Wir haben einen König in Israel. Saul ist unser König. Aber man salbt ja auch die Propheten. Vielleicht hat Samuel unseren David für seine Prophetenschule in Rama ausersehen!«
»Unser Kleiner ein Prophet!« spottet Abinadab.
»Ich bin nicht euer Kleiner!« ruft David.
»Jetzt wird nicht gestritten!« sagt Isai. »Geht an eure Arbeit. Und du David, gehst zurück zur Herde. Du kannst sie heimbringen! Und noch etwas: Erzählt niemandem etwas von dem, was hier geschehen ist! Verstanden?«
Isais Söhne nickten.

David am Hof

1. Samuel 16, 14–23

Vorbemerkung

Bei dem in diesem Abschnitt genannten Instrument handelt es sich um eine *Leier* oder *Laute* (hebräisch: Kinnor), deren Grundform ein Rahmen mit darüber gespannten Saiten war. Der Rahmen bestand aus Holz. 1. Könige 10,12 berichtet, daß Salomo aus Sandelholz nicht nur Geländer für Bauten, sondern auch Leiern und Harfen anfertigen ließ. Diese Bibel-

stelle zeigt auch, daß die Leier wohl in erster Linie ein beliebtes Begleitinstrument für den Gesang war. So erfahren wir aus der Bibel, daß Propheten Leier spielten (1. Samuel 10,5), daß sie bei rituellen Tänzen gebraucht wurde (2. Samuel 6,5) und daß es unter den Tempelsängern auch Leierspieler gab (1. Chronik 25,1ff). Auch bei Gelagen wurde das Instrument gespielt, und der Prophet Jesaja warnt diejenigen, die schon am Morgen beim Wein sitzen und sich mit Leiern, Harfen, Handpauken und Flöten unterhalten lassen (Jesaja 5,11).
Daß Musik Schwermütigen und Kranken aller Art Linderung bringt und ihre Heilung günstig beeinflussen kann, weiß jeder, der schon als Bedrückter durch Musik ermuntert wurde.
Man nimmt an, daß die *Philister* ihren Ursprung auf den ägäischen Inseln hatten. Ihre Stämme kamen dann – teils auf Schiffen über Kreta, teils auf dem Landweg von Norden – nach Palästina und Ägypten. An der Küste Kanaans setzten sie sich fest, zerstörten die spätbronzezeitlichen Städte und errichteten ihre eigenen Fürstentümer in Gaza, Askalon, Asdod, Ekron und Gath. Da sie erfahrene Kämpfer und in der Eisen- und Metallbearbeitung den Israeliten hoch überlegen waren, stellten sie für die fast gleichzeitig mit ihnen nach Kanaan eingewanderten Israeliten eine ständige Bedrohung dar. Saul konnte einige Male – wohl kleinere – Einfälle der Philister zurückschlagen, verlor aber die Entscheidungsschlacht in der Jesreel-Ebene. Erst David gelang es, die Philister seinem Reich tributpflichtig zu machen.

Erzählung

Jahre sind vergangen.
Wieder geht ein Sommer dem Ende entgegen. Die Regenzeit kommt. Schon jagt der Wind vom Meer her schwarze Wolken gegen die Berge.
»Bald wird es regnen«, sagen die Bauern in Gibea. »Dann können wir säen und uns auf eine gute Ernte freuen.«
Die Menschen sind froh, daß der heiße Sommer vorbei ist. Sie singen und lachen.
Aber in der Burg des Königs Saul singt und lacht niemand.
Vor dem Regierungszimmer stehen zwei Wachsoldaten. Einer ist Eser. Der andere ist Addar, Jonathans Waffenträger.
»Der böse Geist ist wieder über Saul gekommen«, flüstert Eser. »Gott hat den bösen Geist geschickt, um Saul zu strafen.«
»Red keinen Unsinn!« sagt Addar.

»Ich red keinen Unsinn«, sagt Eser leise. »Ich hab es ja mit eigenen Ohren gehört, wie Samuel zu Saul nach der Amalekiterschlacht gesagt hat: Weil du Gottes Wort verwirfst, darum verwirft dich Gott!«
»Ich mag den Samuel nicht leiden«, sagt Addar. »Er tut so, als wenn nur er allein Gottes Wille wüßte!«
»Versündige dich nicht!« sagte Eser. »Samuel ist ein Prophet. Das Volk hört auf ihn!«
»Pssst!« flüstert Addar. »Es kommt jemand!«
Jonathan und Michal kommen die Treppe hinauf. Sie gehen an der Wache vorbei ins Regierungszimmer.
Im Regierungszimmer ist der Tisch zum Abendessen gerichtet. Frisches Brot liegt auf dem Tisch. Elimelech, der Diener, trägt einen Topf voll Linsen hinein und schöpft die Teller voll. Aber niemand hat recht Hunger. Nur Abner, der Feldhauptmann, schiebt Löffel um Löffel in seinen Mund. Saul sitzt mit verschlossenem Gesicht oben am Tisch. Links von ihm sitzt Abner, rechts Jonathan. Unten am Tisch sitzen die Mutter und die Geschwister.
Früher haben sie beim Essen geredet und gelacht.
Jetzt sind alle traurig. Der Vater ist krank. Und niemand kann ihm helfen. Niemand kann den bösen Geist vertreiben, der ihn verschlossen und manchmal zornig macht.
Jonathan legt den Löffel weg.
»Früher haben wir nach dem Essen miteinander gesungen«, sagt er. »Könnten wir nicht...«
Die Mutter schüttelt den Kopf: »Der Vater braucht Ruhe.«
»Aber wenn wir Kinder krank waren«, sagt Michal, »hast du uns doch immer etwas vorgesungen, Mutter. Und als ich traurig war, weil die weiße Ziege gestorben ist, hat mich dein Singen getröstet.«
»Michal hat recht«, sagt Jonathan. »Singen kann Kranke gesund machen. Singen kann böse Geister vertreiben. Ich bin sicher, daß das dem Vater helfen würde.«
Abner hat seinen Teller geleert, und Elimelech schöpft ihn zum zweiten Mal voll.
Saul sitzt noch immer mit verschlossenem Gesicht da. Ob er überhaupt zuhört, was die andern sagen?
»Soll ich etwas vorsingen?« fragt Abner und kratzt sich an seiner Narbe.
»Dein Gesang würde den König noch kränker machen!« sagt Jonathan. »Aber kennst du keinen in Israel, der gut singen kann? Du kommst doch überall im Land herum.«
Abner schüttelt den Kopf. Er ist beleidigt.

»Sänger sind Gesindel!« sagt er. »Und überhaupt: Wenn der König krank ist, dann ist er krank. Und wenn er nicht mehr gesund wird, dann wirst du eben König, Jonathan!«
»Ich wüßte einen Sänger«, sagt Elimelech. »In meinem Heimatdorf Bethlehem gibt es einen jungen Mann, der kann zur Leier singen wie selten einer.«
»Wie heißt er?« fragt Jonathan.
»David, der Sohn Isais«, sagt Elimelech.
»Bist du einverstanden, Vater«, sagt Jonathan zum König, »wenn wir diesem David befehlen, zu dir zu kommen und dir vorzusingen? Wenn er dir helfen kann, dann bleibt er hier. Sonst können wir ihn jederzeit zurückschicken.«
Saul hebt seinen Kopf.
»Ich weiß nicht, ob mir jemand helfen kann«, sagt er. »Aber wir können es ja versuchen. Dieser David soll kommen!«
»Dann gehst du sofort nach Bethelehem, Elimelech«, befiehlt Jonathan. »Sag zu Isai: Befehl vom König Saul! Dein Sohn David soll nach Gibea kommen und seine Leier mitnehmen! Der König braucht seine Dienste!«

*

Als David in Gibea ankommt, ist es schon Abend. Auf dem ganzen Weg hat es geregnet. Aber das macht David nichts aus. Unter seinem Hirtenmantel ist es warm und trocken. Auch der Ziege, die David an einem Strick hinter sich herzieht, macht der Regen nichts aus.
Die Soldaten am Hoftor lassen David und Elimelech durch.
»Wart hier«, sagt Elimelech. »Ich hol den Prinzen Jonathan!«
David schaut zur Burg hinüber. Dunkel und still ragt sie in den Abendhimmel. Die großen Steine glänzen vor Nässe. Von der Küche her riecht es nach Feuer, Zwiebeln und Suppe. Rauchschwaden liegen über dem Burghof. Aus dem Eingang der Burg kommt eine Gestalt.
»Ich bin Prinz Jonathan. Und du bist David. Elimelech hat mir gesagt, daß du da bist.«
David weiß nicht, was er sagen soll. Er hat noch nie einen Prinzen gesehen.
»Hat dich dein Vater entbehren können?« fragt Jonathan.
»Gern hat er mich nicht gehen lassen«, antwortete David. »Es gibt viel zu tun daheim. Aber Elimelech hat gesagt: Der König befiehlt es! Mein Vater läßt den König grüßen. Er schickt ihm hier diese Ziege zum Geschenk und –«, David holt unter seinem Hirtenmantel einen Sack hervor, »– und zehn Brote und einen Schlauch Wein. Kann ich dem König die Geschenke gleich bringen?«

»Die Ziege kannst du nicht gut ins Regierungszimmer nehmen«, sagt Jonathan. »Aber die Brote und den Wein kannst du ihm bringen. Aber nicht jetzt. Der König ist gerade krank. Komm, wir gehen in die Burg! In der Küche brennt ein Feuer. Da kannst du deinen Mantel trocknen.«

*

König Saul sitzt im Regierungszimmer auf seinem Thron. Gegenüber steckt eine Fackel in einem Halter an der Wand.
Draußen heult der Wind, und der Regen peitscht gegen das Fenster.
Saul hat sich in seinen Mantel gehüllt. Er starrt in das unruhige Licht der Fackel und auf die Schatten, die auf der Steinmauer hin und her tanzen.
Saul greift nach seinem Speer.
Die Schatten an der Wand werden zu einem Bild.
Saul sieht sich wieder als Bauer. Er geht hinter dem Pflug über das Feld. Er sät mit Schwung die Gerstenkörner. Jonathan, Abinadab und Isjo treiben die Schafe auf die Weide. Seine Frau Ahinoam und die Mädchen Merab und Michal hauen mit den Sicheln die reifen Ähren ab. Alle singen und lachen bei der Arbeit.
Jetzt sieht Saul die Stadt Jabes. Er sieht Nahas, den Schlangenkönig, wie er auf seinem Esel flüchtet.
Saul sieht, wie Samuel ihn zum König salbt.
Er hört das Volk singen: »Saul hat Tausende erschlagen!«
Saul horcht in die Nacht hinaus.
Singen nicht draußen Stimmen: »Saul hat Tausende erschlagen!« Und immer lauter: »Saul hat Tausende erschlagen!«
Sauls Finger krallen sich um den Speer. Er horcht.
Aber draußen pfeift nur der Wind, und der Regen peitscht an das Fenster.
Saul starrt an die Wand, an der die Schatten tanzen.
Saul seufzt.
Er sieht, wie ihm Samuel entgegenkommt. Zuerst ist Samuel ganz weit weg und ganz klein. Dann kommt er immer näher und wird größer und größer. Jetzt steht er vor ihm und schaut ihn mit seinen grauen Augen traurig an. Er sagt: »So, wie du mir das Stück Stoff vom Kleid gerissen hast, so entreißt dir Gott das Königtum über Israel!«
Saul springt auf. Er hat Angst. Er zittert. Er geht im Zimmer auf und ab. Zehn Schritte hin. Zehn Schritte her.
»Vater!«
Jonathan kommt ins Zimmer.
»Der David aus Bethlehem ist da!« sagt er.
Jetzt steht David vor Saul. Er hat den König noch nie gesehen. Aber er

weiß, daß dieser Mann die Israeliten vor vielen Feinden befreit hat. Sein Vater hatte gesagt: »Saul ist ein tapferer Mann.« Aber Saul geht gebückt und hat trübe, teilnahmslose Augen. Es ist so, als bemerke er David überhaupt nicht.
»Soll David singen, Vater?« fragt Jonathan.
Saul setzt sich auf seinen Thron. Er hüllt sich in den Mantel.
»Sing, David!« sagt Jonathan.
David hält seine Leier in der Hand. Er greift mit den Fingern in die Saiten. Alle Scheu fällt von ihm ab.
Er singt:

»Gott ist mein Licht und mein Heil,
vor wem sollte ich mich fürchten?
Der Herr ist meines Lebens Zuflucht,
vor wem sollte ich erschrecken?
Wenn Bösewichte mich überfallen,
mich zu zerfleischen,
meine Dränger und meine Feinde,
so müssen sie straucheln und stürzen.«

Da hebt Saul den Kopf. Die Schatten an der Wand sind verschwunden. Sauls Augen sind heller geworden. Sie schauen David fest an.
»Wo hast du das Lied gelernt, David?« fragt er.
»Zu Hause, bei der Mutter, und draußen, beim Hüten der Schafe. Wenn ich Angst hatte, habe ich es gesungen. Und dann hatte ich keine Angst mehr.«
»Gott ist mein Licht und mein Heil«, sagt Saul. »Vor wem sollte ich mich fürchten! – Sing es noch einmal, David!«
Noch einmal singt David das Lied. Man hört es in der ganzen Burg, Ahinoam, Abinadab, Isjo, Merab, Michal und Malkisua kommen. Sie stehen alle unter der Tür.
Der König steht auf. Sein Gesicht ist heiter. Er lächelt.
»Du bist ein guter Sänger, David«, sagt er. »Du bleibst bei mir!«
»Ich habe noch Geschenke für den König«, sagt David. »Eine Ziege, zehn Brote und einen Schlauch Wein. Von meinem Vater.«
»Geschenke eines Bauern!« sagt Saul. »Das freut mich. Und jetzt soll dir Jonathan zeigen, wo du schlafen kannst: im obersten Stockwerk, wo die Männer ihre Schlafstellen haben.«
Als David mit Jonathan aus dem Regierungszimmer geht, klatscht Michal in die Hände.
»David hat dem Vater geholfen! Willkommen, David, bei uns!«
David wird rot im Gesicht.

»Ich bin Prinzessin Michal«, sagt Michal. »Spielst du mir auch einmal etwas vor?«
David wird noch röter.
»Laß David jetzt in Ruhe, Michal«, sagt Jonathan. »Er ist müde von der Reise.«
David bekommt eine Schlafmatte. Er breitet sie am Boden aus. Sein Hirtenmantel ist das Kopfkissen. Und darin eingewickelt hat er seinen ganzen Besitz, den er von Bethlehem mitgenommen hat: seine Leier und seine Steinschleuder.

*

Die Regenzeit bringt viel Arbeit.
Abinadab und Isjo arbeiten mit den Knechten auf den Äckern des Königs. Abinadab pflügt den vom Regen aufgeweichten Boden. Isjo geht hinter dem Pflug her und wirft die Gerstenkörner in weitem Bogen in die Furchen. Um den Acker herum pflanzen sie Hirse. Auf kleineren Beeten säen sie Kümmel und Dill.
Auf der Burg drehen die Frauen den Spinnkreisel. Aus der Wolle weben sie Stoffe für Kleider. Ahinoam, Merab und Michal singen bei der Arbeit.
»Gott sei Dank geht es dem Vater wieder besser«, sagt die Mutter.
»David hat dem Vater geholfen«, sagt Merab.
»David ist immer fröhlich und guter Laune«, sagt die Mutter. »Alle haben ihn gern.«
»Besonders Michal«, sagt Merab.
Michal wird feuerrot.
»Halt dein böses Maul!« ruft sie.
»Tu doch nicht so einfältig!« sagt Merab. »Ich begreife ganz gut, daß man sich in David verlieben kann. Er ist hübsch mit seinen rotblonden Haaren und seinem fröhlichen Gesicht. Und sein Bart wächst auch schon. Alle Mägde schauen ihm nach, wenn er über den Burghof geht.«
»Sei still, du garstige Kröte!« ruft Michal.
»Nicht streiten«, sagt die Mutter. »Arbeitet jetzt! Sonst wird nichts aus euren Ärmelkleidern für Jonathans Hochzeit.«
»Ob Jonathans Braut wohl hübsch ist?« fragt Michal.
»Sie ist ein Mädchen aus einer vornehmen Familie«, sagt die Mutter.
»Er wollte gar nicht heiraten«, sagt Merab.
»Der König hat es befohlen!« sagt die Mutter. »Wenn Jonathan einmal König wird, dann muß er eine Familie haben!«

*

Am Abend sitzen die Soldaten im Burghof.
»Seit David da ist«, sagt Eser, »sind alle wieder froh. Sogar der König lacht wieder.«
»David ist nicht nur ein guter Sänger, sondern auch ein guter Schütze«, sagt Eleasar. »Er übt jeden Tag mit seiner Schleuder. Kein Stein geht daneben! Jeder trifft das Ziel. Und eine Wucht haben seine Geschosse! Ich glaube, er könnte einen Adler im Flug treffen!«
»Ich trau dem Kleinen nicht!« sagt Abner und kratzt sich an der Narbe. »Überall macht er sich beliebt.«
»Die Mädchen machen ihm schöne Augen«, sagt Eser.
»Besonders die Prinzessin Michal!« lacht Eleasar.
»Sänger sind eben Gesindel«, sagt Abner.

*

Die Regenzeit ist zu Ende. Die Sonne scheint warm. Aus dem Boden sprießen grüne Halme. Das Korn und die Gerste, die Hirse und der Kümmel wachsen. Bald ist Erntezeit. Jonathan feiert Hochzeit. Er wohnt jetzt mit seiner Frau in einem Haus in der Nähe der Burg.
Da stürmt eines Tages ein Bote aus Bethlehem in den Burghof.
Der Wachsoldat führt ihn in das Regierungszimmer Sauls. Der Bote fällt vor dem König auf den Boden und sagt: »König Saul, die Philister haben im Tal der Eichen, in der Nähe von Bethlehem, ihre Zelte aufgeschlagen. Es sind Hunderte von Soldaten, und...und...«
»Und was noch?« will Saul wissen.
»Sie haben ihren besten Krieger bei sich«, sagt der Bote. »Er ist aus der Stadt Gath und heißt Goliath!«
Saul seufzt: »Wenn uns doch nur einer von der Philisterplage befreien könnte. Ich würde ihm eine meiner Töchter zur Frau geben.«
Dann befiehlt er: »Schickt Boten in alle Städte und Dörfer Israels! Alle Männer sollen sich im Tal der Eichen bei Bethlehem sammeln!«
Auch Saul und seine Soldaten machen sich bereit.
Saul zieht seine Rüstung an: einen Helm und Beinschienen aus Eisen. Er greift nach dem Speer mit der Pflugspitze.
Auch Jonathan ist bereit.
Sie nehmen Abschied von den Frauen und von David.
»Ich brauch dich während des Krieges nicht«, sagt Saul zu David. »Du kannst auf der Burg bleiben. Aber du kannst auch nach Hause gehen!«
»Er könnte auch mitkommen und den Philistern etwas vorsingen«, sagt Abner.

Die Soldaten lachen.
Michal schaut David an. »Bleib auf der Burg!« betteln ihre Augen.
»Ich geh nach Hause«, sagt David zu Saul. »Meine Brüder werden auch in den Krieg gehen. Da wird mein Vater froh sein, wenn ich komme ihm zu helfen.«
Saul, Jonathan und Abner reiten auf ihren Maultieren zum Burghof hinaus. Die Frauen winken. Ahinoam weint.
»Bleib gesund, Jonathan!« ruft David. »Und zeig es den Philistern!«
Hinter den Reitern marschieren die Soldaten. Und ganz am Schluß kommen die Knechte mit den Mauleseln und den Wagen.
Dann ist es ruhig auf der Burg. Still liegt der Hof in der Morgensonne. David geht in den Turm und packt sein Bündel. Dann verläßt auch er die Burg. Vom Fenster aus schaut ihm Michal nach.
Gegen Abend kommt David nach Bethlehem. Vater und Mutter umarmen ihn.
»Ich bin froh, daß du gekommen bist«, sagt der Vater. »Deine Brüder sind im Krieg gegen die Philister.«

David und Goliath

1. Samuel 17,1–18,9

Vorbemerkung

Lesen wir die Kapitel 16 und 17 des 1. Samuelbuches nacheinander, dann fallen uns sogleich Widersprüche und Unstimmigkeiten auf. Nach Kapitel 16 war David bereits ein kriegstüchtiger junger Mann. In Kapitel 17 ist er noch ein Hirtenknabe, der keine Rüstung tragen und kein Schwert handhaben kann. Nach der ersten Geschichte ist David bereits am Hof als Saitenspieler und Waffenträger des Königs. In der Goliathgeschichte hat Saul jedoch noch keine Ahnung, wer der Knabe ist, und niemand, selbst nicht aus des Königs nächster Umgebung, kann ihm Auskunft geben, woher der Bezwinger Goliaths kommt und wie er heißt. Zudem wird in 2. Samuel 21,19 nicht David, sondern einer seiner Männer, ein gewisser Elhanan, als Besieger des Goliath genannt. Aus historisch-kritischer Sicht lassen sich diese und ähnliche Gegensätze nicht harmonisieren. Es gibt Autoren, die – mit Hinweis auf die anekdotischen, mythologischen und sagenhaften Züge der Goliathsgeschichte – diese Erzählung bei der Behandlung biblischer Geschichten weglassen. Eine andere Möglichkeit wäre, die Geschichte aus ihrer literarischen Ursprungssituation unter Zuhilfenahme einer Rahmengeschichte zu erzählen. (Näheres darüber in Neidhart/Eggenberger. Erzählbuch zur Bibel, Benziger/Kaufmann/TVZ). Gehen wir jedoch davon aus, daß Sage und Mythos als Kunstformen – wie Bilder eines Malers – die treibenden Kräfte der Geschichte und damit die Realitäten einer Heilsgeschichte beschreiben, so ist es durchaus möglich, auch verschiedene Formen und Traditionen erzählerisch miteinander zu verbinden und, wenn nötig, zu harmonisieren. Ich tue das, indem ich die Frage Sauls nach der Person Davids weglasse.

Terebinten (Terpentinbäume) und Eichen werden in der Bibel oft nebeneinander genannt, und das hebräische Wort kann auch einfach »großer Baum« bedeuten. Luther übersetzt Terebintental denn auch mit Eichgrund, und der heutige Name jener Gegend lautet: Akaziental. Das im Sommer wasserlose Wadi – im Altertum wurde nur in der Sommerzeit Krieg geführt – befindet sich etwa 20 Kilometer westlich Bethlehem in der Nähe des Weges, der von Jerusalem nach Asdod und Gath führte.

Daß Schlachten mit *Zweikämpfen* begonnen wurden, berichtet auch 2. Samuel 2,14. Dort fordert vor dem Kampf der Truppen Davids gegen diejenigen Isjos Abner den Joab zum Zweikampf auf: »Die jungen Burschen mögen auftreten und ein Kampfspiel vor uns aufführen!«

Der *Freundschaftsbund*, den Jonathan mit David schließt, ist nach 1. Samuel 20,8 ein Gottesbund, der im Namen des Herrn beschworen wurde (1. Samuel 20,42). Wahrscheinlich ist er in einer kultisch festen Form erfolgt, vergleichbar mit dem noch heute in der Kirche »vor Gott« vollzogenen Ehebund. Der Bund ist von beiden bis zur Jonathans Tod, und von David noch darüber hinaus, gehalten worden.

Das *Lied*, mit dem die Frauen David ehren, will Saul sicher nicht herabwürdigen, tut es aber tatsächlich doch.

Erzählung

»Deine Brüder haben ihren Proviant bestimmt schon längst aufgegessen«, sagt der Vater zu David. »Seit einer Woche sind sie von zu Hause fort. Und noch immer hat König Saul die Philister nicht verjagt.«

Der Vater geht in die Vorratskammer. »Hier ist ein Sack geröstetes Korn!« sagt er zu David. »Und da sind zehn Brote. Das kannst du morgen deinen Brüdern bringen. Und diesen Käse bringst du dem Feldhauptmann Abner.«

»Paß auf dich auf, David!« sagt die Mutter. »Bleib nicht lange im Lager! Gib den Proviant ab! Erkundige dich, wie es deinen Brüdern geht! Und dann komm auf dem schnellsten Weg wieder heim!«

Früh am Morgen packt David Korn, Brot und Käse auf ein Maultier. Dann hängt er sich die lederne Hirtentasche um und steckt die Schleuder ein.
Draußen ist es noch dunkel. Der Weg geht nach Westen, dorthin, wo das Philisterland liegt.
Irgendwo schreit ein Tier. David ist auf der Hut. Er greift nach der Steinschleuder und singt:

»Gott ist mein Licht und mein Heil,
vor wem sollte ich mich fürchten?
Der Herr ist meines Lebens Zuflucht,
vor wem sollte ich erschrecken?
Wenn Bösewichte mich überfallen,
mich zu zerfleischen,
meine Dränger und meine Feinde,
so müssen sie straucheln und stürzen.«

Endlich wird es im Osten hell. Die Sonne geht auf.
In der Ferne leuchtet ein weißes Band. Als David näher kommt, sieht er, daß es ein ausgetrocknetes Bachbett ist. Die abgeschliffenen, hellen Steine leuchten weiß in der Sonne. Am Rand des Bachbettes stehen mächtige Eichen.
Bald sieht David das Lager der Israeliten. Unter den Bäumen, in der Nähe des ausgetrockneten Flußbettes, haben sie ihre Zelte aufgeschlagen. Rund um die Zelte stehen die Wagen. Davor grasen die Maultiere, und über einem prasselnden Feuer kocht in einem mächtigen, schwarzen Topf Wasser.
»Schau her, unser David!« ruft der Koch und faltet seine Hände über seinem dicken Bauch. »Was suchst denn du hier?«
»Ich will meinen Brüdern etwas zum Essen bringen. Und einen Käse für den Hauptmann Abner habe ich auch. Wo sind sie denn alle?«
Der Koch weist mit seinem fetten Finger zum Flußufer.
»Dort unten sind sie. Sie stellen sich gerade zu einer Schlachtreihe auf.«
»Dann geh ich schnell zu ihnen«, sagt David.
»Nein, bleib da!« ruft der Koch. »Das ist zu gefährlich für dich... hörst du... David!«
Aber David ist schon weg.
Die Israeliten stehen in einer langen Reihe am Ufer. Ihnen gegenüber, auf der anderen Seite des Flußbettes, stehen die Philister; auch sie in einer langen Schlachtreihe.
»Eliab!« ruft David. »Abinadab! Simea! Nethaneel!«
»Ich glaub, ich werd verrückt!« sagt Eliab. »Jetzt kommt unser Kleiner,

uns zu besuchen! Und das in dem Augenblick, wo wir unsere Schlachtreihe aufstellen!«
»Ich hab euch etwas zum Essen mitgebracht!« ruft David. »Geröstetes Korn und Brot und einen Käse für Abner! Und einen schönen Gruß vom Vater. Und wann habt ihr endlich die Philister da drüben verjagt?«
Die Soldaten lachen.
»Jetzt hört euch diesen Zwerg an!« sagt Eliab. »Die Philister verjagen! Als ob das Flöhe wären, die man mit dem Finger zerdrücken kann!«
Eliab wendet sich David zu.
»Mach, daß du so schnell wie möglich wieder nach Hause kommst! Und sag dem Vater: Wir danken ihm für das Brot und den Käse. Aber das nächste Mal soll er einen Knecht schicken. Und nicht mehr eine halbe Portion wie dich.«
David rührt sich nicht von der Stelle.
»Warum greift ihr die Philister nicht an?« fragt er.
Wieder lachen die Soldaten.
»Das wirst du gleich sehen, Kleiner!« ruft einer von ihnen.
In diesem Moment stimmen die Philister auf der andern Seite ihr Kriegsgeschrei an. Die Israeliten schreien zurück. Aber keiner der Soldaten bewegt sich.
Da sieht David, wie sich im Philisterlager an einem feuerroten Zelt der Vorhang bewegt. Und jetzt kommt aus dem Zelt eine Gestalt. Zuerst meint David, es sei ein Tier: ein unheimliches, schreckliches Tier. Aber es ist kein Tier. Es ist ein Mensch. Der Mann ist von oben bis unten gepanzert. An den Füßen trägt er mächtige Stiefel, um die Beine eiserne Schienen. Seine Waden und seine Oberschenkel sind so dick, daß der Mann mit gespreitzten Beinen gehen muß. Auf dem Körper trägt er einen Schuppenpanzer, der in der Sonne blitzt und die Augen blendet. Über dem breiten Rücken hängt ein Wurfspieß, und auf dem Kopf trägt er einen gewaltigen Helm. Vor dem Ungeheuer geht ein Soldat. Er trägt einen Schild. Der Soldat erscheint neben dem gepanzerten Riesen wie ein Zwerg.
»Goliath!« schreien die Philister. »Goliath!«
Goliath geht durch die Reihen der Philister zum Bachbett hinunter. Bei jedem Schritt hört man die Steine knirschen.
Jetzt hat Goliath die Mitte des Bachbettes erreicht.
Er steht still.
Er hebt den Kopf, schiebt die Unterlippe vor und kneift die Augen zusammen.
Dann fängt er an zu reden.
David hat noch nie eine solche Stimme gehört. Es ist wie das Brüllen eines

Löwen, das Krächzen eines Raben und das Grollen des Donners bei einem Gewitter.
»Israeliten!« ruft Goliath. »Warum seid ihr hierher gekommen? Warum wollt ihr gegen uns kämpfen? Warum stellt ihr euch in einer Schlachtreihe auf?«
Goliath macht eine Pause.
Dann brüllt er: »Ihr Feiglinge! Seit einer Woche sitzt ihr hier herum. Und keiner wagt es, gegen mich zu kämpfen! Schickt doch einen von euren Helden zu mir! Und wenn er mich besiegt, dann wollen wir – alle Philister zusammen – eure Untertanen sein. Wenn ich aber ihn besiege, dann müßt ihr unsere Knechte sein!«
David starrt den Goliath an.
Dann sagt er zu seinen Brüdern: »Los, zeigt's ihm, diesem Muskelprotz!«
Ganz still ist es.
Keiner rührt sich.
Goliath steht noch immer in der Mitte des ausgetrockneten Flußbettes. Jetzt lacht er.
»Also wieder keiner! Ihr Feiglinge! Aber lange machen wir dieses Spiel nicht mehr mit. Wenn sich keiner getraut, mit mir zu kämpfen, dann kommen wir zu euch hinüber!«
Goliath wendet sich um und stapft das Bachufer hinauf. Dann verschwindet er im roten Zelt.
»So geht das nun schon seit einer Woche«, sagt Eser. »Jeden Morgen und jeden Nachmittag verhöhnt er uns!«
»Und keiner von allen Soldaten Sauls wagt es, gegen ihn zu kämpfen?« fragt David.
»Keiner!«
»Auch Jonathan nicht?«
»Auch Jonathan nicht!«
»Dann kämpfe ich mit ihm«, sagt David.
Eliab wird rot vor Zorn.
»Marsch, nach Hause mit dir!« schreit er.
David beachtet ihn nicht.
»Wo ist König Saul?« fragt er.
»Dort im Zelt!« antwortet Eser.
David stürmt ins Zelt. Im Zelt sitzen Saul, Jonathan und Abner.
»Ich kämpfe gegen Goliath!« ruft David.
Abner starrt ihn an.
»Unser Sänger ist verrückt geworden«, sagt er.
»Nein David, das geht nicht«, sagt Saul. »Du bist kein Krieger. Wenn so-

gar meine besten Soldaten es nicht wagen, dem Goliath entgegenzutreten, wie willst du dann etwas gegen ihn ausrichten?«
»Geh nicht, David!«, sagt Jonathan.
»Ich habe mit Löwen und mit Bären gekämpft«, sagt David. »Und die sind genau so stark gewesen wie Goliath!«
»Er ist verrückt geworden«, sagt Abner noch einmal.
»Ich werde es diesem Goliath zeigen!« ruft David. »Und wenn es mir auch niemand erlaubt: Ich kämpfe trotzdem gegen ihn!«
»Dann zieh' doch wenigstens meine Beinschienen und meinen Helm an!« sagt Saul.
Aber Helm und Beinschienen sind David zu groß.
»Ich kann mich nicht bewegen in diesen Dingern«, sagt er und greift in seine Hirtentasche. »Hier ist meine Schleuder. Mit der kämpfe ich am besten.«
»Ich kann dich nicht gehen lassen«, sagt Saul.
»Gott hat mich aus der Tatze von Löwen und Bären gerettet«, sagt David. »Er wird mich auch aus der Hand dieses Philisters retten.«
Es ist Mittagszeit.
Niemand rührt das Essen an.
Alle haben Angst um David.
Am Nachmittag steigt er ins Bachbett hinunter. Sorgfältig sucht er fünf glatte Steine und steckt sie in seine Hirtentasche. Die Sonne steht schon tief.
Die Schatten werden länger.
Jetzt stellen sich die Israeliten und die Philister in Schlachtreihen auf.
Der dicke Koch steht neben seinem Topf
»Wenn das nur gut ausgeht«, murmelt er.
Da kommt Goliath aus seinem Zelt. Schwerfällig geht er bis zur Mitte des Flußbettes. Wie am Morgen ruft er: »Israeliten, warum seid ihr hierhergekommen? Ihr Feiglinge! Seit einer Woche sitzt ihr herum und keiner wagt...keiner wagt...keiner...«
Goliaths Mund bleibt vor Überraschung offen.
Aus den Reihen der Israeliten ist David hervorgetreten. In der linken Hand hat er seinen Hirtenstock, in der rechten die Schleuder.
David geht auf Goliath zu.
»Ja bin ich den ein Hund!« schreit Goliath. »Bin ich ein Hund, daß ein Säugling es wagt, mit einem Stecken zu mir zu kommen!«
Ganz still ist es im Tal.
Nur das Rauschen der Blätter in den mächtigen Eichen hört man.
Da: Davids helle und unerschrockene Stimme!

»Du kommst zu mir mit Schwert, Speer und Wurfspieß!« ruft er. »Ich aber komme zu dir mit dem Namen Gottes! Heute gibt dich Gott in meine Hand.«
Goliath lacht.
»Du Wurm!« ruft er. »Komm her! Ich werde dein Fleisch den Vögeln verfüttern!«
David läßt seine Schleuder kreisen.
Goliath greift nach seinem Speer. Er holt aus und zielt nach David.
»Er ist vollkommen verrückt, unser Kleiner«, stammelt Eliab.
Da läßt David das eine Ende der Schleuder los. Der Stein saust davon. Genau zwischen dem mächtigen Helm und der Nase bohrt er sich in Goliaths Stirn.
Der Riese schwankt. Kraftlos fällt der Arm mit dem Speer hinunter. Wie ein gefällter Baum stürzt Goliath zu Boden.
Philister und Israeliten starren auf David, der mit ein paar Sätzen bei Goliath ist, ihm das Schwert aus der Scheide zieht und ihm den Kopf abhaut.
Wie versteinert stehen die Philister da.
Da stürmt der Koch aus der Wagenburg. Sein dicker Bauch schwappt auf und ab. »Angreifen!« ruft er. »Macht, daß ihr angreift.«
»Hier befehle ich!« ruft Abner. »Angreifen!«
Die Israeliten stürmen los. Sie schwingen ihre Hirtenkeulen und ihre Speere.
Die Philister werfen ihre Waffen weg. Beinschienen, Speere und Schilder fliegen ins Flußbett. Schon rennen sie dem Wald zu.
David geht zu Saul.
»Du kannst nicht nur schön singen, David«, sagt Saul. »Du bist auch ein mutiger Krieger. So mutig wie Jonathan. Darum bist du von heute an mein Waffenträger. Und zudem mache ich dich zum Offizier. Wie Jonathan.«
Abner wirft David einen zornigen Blick zu.
Aber Jonathan umarmt David.
»Ich habe mir schon immer einen tapferen Freund gewünscht«, sagt Jonathan. »Willst du mein Freund sein?«
David nickt.
Jonathan zieht David in sein Zelt.
»Gib mir die Hand!« sagt er.
David gibt Jonathan die Hand.
»Wir wollen immer Freunde sein«, sagt Jonathan. »Wir wollen einander immer helfen. Und wenn einer von uns stirbt, dann sorgt der andere für seine Familie. Das schwöre ich!«
»Das schwöre ich!« sagt David.

Jonathan zieht seinen Mantel aus.
»Den schenk ich dir«, sagt er zu David. »Als Zeichen meiner Freundschaft.«
Jonathan schnallt sein Schwert ab.
»Das schenk ich dir auch! Und da: meinen Pfeilbogen. Und meine Rüstung. Und meinen Gürtel!«
David versinkt beinahe in all den Geschenken.
Dann greift er in seine Hirtentasche und holt die Schleuder hervor.
»Und die schenk ich dir, Jonathan!«
Am anderen Morgen wird das Lager abgebrochen. Die Bauern, die beim Kampf mitgeholfen haben, und die Soldaten Sauls marschieren zurück. Als sie in Bethlehem ankommen, stehen Frauen und Männer, Mädchen und Knaben vor dem Dorf und rufen:
»Saul hat Tausende erschlagen!«
Saul lacht. Er winkt den Leuten zu.
Plötzlich wird sein Gesicht finster.
»Saul hat Tausende erschlagen!« singen die Leute. »David aber Zehntausende!«
Vor jedem Dorf, das an ihrem Weg liegt, rufen die Menschen:
»Saul hat Tausende erschlagen,
David aber Zehntausende!«
»Nimm dich in acht, Saul!« sagt Abner leise. »Sonst setzt sich der David eines Tages auf deinen Thron!«
Im Hof der Burg von Gibea stehen die Mutter, Merab und Michal.
Michal ist ganz aufgeregt.
»Dort kommen sie!«
Die Bauernbuben und die Mädchen von Gibea hüpfen neben den Soldaten her.
»Saul hat Tausende erschlagen,
David aber Zehntausende!«
Grußlos geht Saul in die Burg und verschwindet in seinem Regierungszimmer.
In der Faust hält er seinen Speer mit der Pflugspitze.
»Das wirst du mir büßen, David!« murmelt Saul. »Das wirst du mir büßen!«

Hochzeit und Flucht

1. Samuel 18,10–19,18

Vorbemerkung

Daß David für Michal einen *Brautpreis* (Mohar, von hebräisch mahar: kaufen, erwerben, tauschen) zahlen muß, entspricht dem damaligen Ehe- und Familienrecht. Der Mann erwirbt seine Frau durch Kauf. Das ist nicht etwa Diskriminierung, sondern Hochschätzung der Frau, die ja dem Stamm Söhne schenkt, ohne die sich die Gemeinschaft nicht behaupten könnte. Überhaupt dürfen wir uns die Frauen der Bibel nicht unterwürfig und unselbständig vorstellen. Man denke an Sara, Rebekka, Rahel und Lea! Auch in unserer Erzählung liegt die Initiative bei Michal und nicht bei David! Der Heirat voraus geht die Verlobung. Sie ist ein rechtlicher Akt und wird durch die Bezahlung des Mohars vollzogen. Das verlobte Mädchen ist damit Eigentum des Bräutigams. Die Höhe des Mohars dürfte (nach 5. Mose 22,29) um 50 Lot (725 Gramm) Silber gewesen sein. Zum Vergleich: Das Jahresgehalt eines Priesters betrug – nach Richter 17,10 – ohne Verpflegung und Kleider 10 Lot (145 Gramm) Silber, und für das Grundstück Machpela bei Hebron zahlte Abraham dem Ephron etwa 5,78 kg Silber (1. Mose 23, 15). Statt mit Geld oder Naturalien konnte der Bräutigam auch mit Dienstleistungen bezahlen. Jakob diente um Rahel und Lea je sieben Jahre, und David muß, um Michal zu bekommen, weitere Heldentaten vollbringen. Ich lasse in der Erzählung diesen ganzen Abschnitt weg und erzähle nur die Hochzeit, bei der ein Fest gefeiert und die Braut durch den Bräutigam heimgeholt wird: In hochzeitlichem Schmuck, von seinen Freunden begleitet, zog der Bräutigam am Hochzeitstag zum Haus der Braut. Von da führte er die festlich geschmückte, verschleierte Braut (Jesaja 49,18), die ebenfalls von ihren Gespielinnen begleitet wurde (Psalm 45,15) in sein oder seiner Eltern Haus. Festgenossen begleiteten die Brautleute und sangen Lieder, von denen eine ganze Sammlung im Hohenlied überliefert ist. Im Haus des Bräutigams fand dann das große Hochzeitsgelage statt, das sich bei Reichen und Vornehmen bis zu einer Woche ausdehnte (1.Mose 29,27; Richter 14,12). Da Davids Familie in Bethlehem wohnte, nehme ich an, daß die Feier in der Königsburg stattfand. Ebenfalls verbinde ich die Geburt Mephiboseths mit dieser Erzählung.

Die *Fluchtgeschichte* hat Humor, aber es ist der unfreiwillige Humor, der oft verzweifelte Situationen kennzeichnet. Michal steht zwischen Ehemann und Vater, und wenn sie mit den ihr zur Verfügung stehenden Mit-

teln Partei für ihren Mann ergreift, so handelt sie so, wie die meisten Frauen es in gleicher Situation auch tun. (Vergleiche Rahel in 1. Mose 31!) Beim *Theraphim*, den Michal in Davids Bett legt, handelt es sich vermutlich um die Maske oder Figur einer Hausgottheit. Wir müssen dabei bedenken, daß sich der strenge Monotheismus, der neben Jahwe alle andern Götter verbot, zur Zeit Davids noch nicht durchgesetzt hatte.
Im ganzen Kapitel 19 kommt das Wort »töten« achtmal, das Wort »retten« fünfmal vor. Damit sind Sauls Absicht und Gottes Wille besonders hervorgehoben und wird dem Leser, ohne es ausdrücklich zu formulieren, in Erinnerung gerufen, daß der Mensch Gottes Plan nicht durchkreuzen und nichts gegen den ausrichten kann, mit dem der Herr ist.

Erzählung

Saul sitzt auf seinem Thron.
Schatten huschen über die Wände des Zimmers.
Eine Gestalt kommt auf ihn zu.
»Nein!« ruft Saul. »Ich will dich nicht mehr sehen, Samuel!«
Samuel wird größer und größer.
»So wie du mir das Stück Stoff vom Kleid gerissen hast«, hört Saul eine Stimme sagen, »so entreißt dir Gott das Königtum über Israel!«
»David soll singen!« ruft Saul.
Die Wache holt David. David verneigt sich vor Saul.
Seine Finger zupfen die Saiten der Leier. Hell und froh klingt seine Stimme:

> »Gott ist mein Licht und mein Heil,
> vor wem sollte ich mich fürchten?
> Der Herr ist meines Lebens Zuflucht,
> vor wem sollte ich erschrecken?«

»Groß ist er geworden, der David«, denkt Saul. »Ein richtiger Mann. Und hübsch ist er. Die Soldaten gehen für ihn durchs Feuer. Das Volk hat ihn gern. Jonathan ist sein Freund. Michal macht ihm schöne Augen. Alle jubeln ihm zu.«
In Sauls Gesicht zuckt es.
»Abner hat recht«, denkt er. »Dieser David wird eines Tages auf meinem Thron sitzen.«
Über die Wände huschen Schatten. Saul ist es, als ob tausend Stimmen das Lied Davids übertönten:
»Saul hat Tausende erschlagen,
David aber Zehntausende.«

An der Wand neben dem Thron steht Sauls Speer.
»Wenn Bösewichte mich überfallen«, singt David, »mich zu zerfleischen...«
Sauls Finger umklammern den Speer.
»...meine Dränger und meine Feinde«, singt David, »so müssen sie straucheln und...«
David springt zur Seite. Dort, wo er gestanden hat, bohrt sich die scharfe Pflugspitze von Sauls Speer in die Holztür.
David rennt zum Zimmer hinaus.
Saul starrt auf den Schaft des Speers, der immer noch hin und her federt.
Da stürmen Jonathan und Michal ins Zimmer.
»Vater!« ruft Michal.
»Wir müssen ihn umbringen!« sagt Saul. »Sonst bringt er uns alle ins Unglück!«
»Aber Vater«, sagt Jonathan. »Er ist mein Freund. Und...«
»Ich weiß!« Saul steht auf und geht im Zimmer auf und ab. »Ich weiß, daß du sein Freund bist. Ich weiß, daß Michal ihm nachschaut. Ich weiß, daß alle singen: David hat Zehntausende erschlagen! Aber seid ihr denn alle blind? Merkt ihr nicht, daß er etwas gegen mich hat? Und gegen euch alle auch?«
Saul reißt den Speer aus dem Holz. Er geht auf Jonathan zu.
»Wir müssen ihn umbringen«, sagt er.
Michal weint.
Jonathan nimmt Saul am Arm und führt ihn zum Thron zurück.
»Versündige dich doch nicht, Vater«, sagt er. »David hat dir doch nichts getan. Und er wird dir bestimmt nie etwas antun. Denk doch, was er alles für dich getan hat! Den Goliath hat er besiegt! Du bist doch auch dabei gewesen im Tal der Eichen! Warum willst du ihn denn jetzt ohne Grund töten?«
Saul vergräbt seinen Kopf in den Händen. Er weint.
Jonathan streicht ihm übers Haar.
Saul schaut auf.
»Du hast recht, Jonathan«, sagt er. »Wenn der böse Geist über mich kommt, weiß ich nicht, was ich sage und mache. David hat es immer gut mit mir gemeint. Ich schwöre: Er soll nicht sterben!«
»Darf ich dich noch um etwas bitten, Vater?« fragt Jonathan.
Saul nickt.
»Du hast dem, der die Philister schlägt, deine Tochter versprochen. David hat die Philister geschlagen. Merab wird bald den Adriel aus Mehola heiraten. Das ist schon lange abgemacht. Aber wie ist es mit Michal?«

Jonathan zwinkert Michal zu.
»Jonathan!« ruft Michal und wird feuerrot.
»Sie liebt David wirklich«, sagt Jonathan.
Saul schaut Michal an.
»Ja, bitte, Vater, ich... Es ist, wie Jonathan sagt!«
»Wann soll die Hochzeit sein?« fragt Saul.
Michal fällt dem Vater um den Hals. »So schnell wie möglich«, sagt sie.
»Und noch etwas, Vater«, sagt Jonathan. »Du wirst bald Großvater sein. Meine Frau erwartet ein Kind!«
Saul lacht. Es ist das erste Mal seit langer Zeit.

*

Saul hat David ein Haus geschenkt. Eine Familie braucht ein eigenes Haus. Es ist ein kleines Haus. Es steht im Dorf Gibea.
Das Haus hat vor dem Eingang einen Hof mit einer Mauer und nur ein Zimmer. Im Zimmer hat es eine Feuerstelle. Wenn es draußen kalt ist oder regnet, kann man hier heizen, kochen und backen.
David hat beim Schreiner zwei Betten machen lassen. Das ist sein Hochzeitsgeschenk für Michal. Nicht viele Leute haben Betten. Die meisten schlafen auf dem Boden.
Davids Mutter hat ihm ein blaues Kleid genäht. Jonathan schenkt ihm einen goldenen Armreif.
Der Tag der Hochzeit ist da.
Jonathan holt David in seinem Haus ab.
»Meine Frau kann nicht zur Hochzeitsfeier kommen«, sagt Jonathan. »Sie glaubt, daß unser Kind noch heute zur Welt kommt.«
Jonathan und David gehen zur Burg. Vor den Häusern des Dorfes stehen Männer, Frauen und Kinder. Sie klatschen und winken David zu.
Im Burghof sind lange Tische und Bänke aufgestellt. Über offenen Feuern braten zwei gemästete Ochsen.
Sauls Soldaten, Knechte und Mägde sind da. Sie haben alle ihre Festtagskleider angezogen. Als David und Jonathan durchs Tor in den Hof kommen, klatschen auch sie ihnen zu.
Jetzt kommt aus der Burg der König. An seinem Arm geht Michal. Sie trägt ein weißes Kleid, über das ihre schwarzen Haare fallen. Über der Stirn glänzt und funkelt ein Diadem aus Gold. Über Nase und Mund trägt Michal einen Schleier.
Michal wird von sechs Mädchen begleitet. Auch sie tragen weiße Kleider. Und dann kommt die ganze Familie: die Mutter, die Brüder, die Schwester.

Saul geht mit Michal auf David zu. Er legt Michals Hand in die Hand von David.
»Hier hast du meine Tochter Michal zur Frau«, sagt Saul. »Gott soll euch segnen!«
Die Freundinnen Michals tanzen um Braut und Bräutigam herum.
Sie singen:

»Auch die größten Wasser
können die Liebe nicht auslöschen.
Und die größten Ströme
können sie nicht überfluten.«

Die Freundinnen verneigen sich vor David und Michal. Jetzt bringen die Gäste ihre Geschenke, und bald türmen sich vor David und Michal Säcklein gefüllt mit Mehl, Linsen und Kümmel auf. Es sind die Geschenke der Bauern von Gibea. Einer bringt sogar ein Schaf, ein anderer eine Ziege. Die Soldaten haben für das Brautpaar beim Töpfer zwei Wassertöpfe anfertigen lassen. Und ein Schafhirt bringt einen Beutel Wolle.
Michal klatscht in die Hände. »Ihr habt wirklich an alles gedacht«, sagt sie. »Für den Anfang haben wir alles, was wir gebrauchen.«
Dann beginnt das Essen. Alle sind eingeladen. Jeder kann sich von den Ochsen soviel abschneiden, wie er will.
Für die Kinder hat der Koch Kuchen gebacken und Fruchtsaft mit Wasser gemischt.
Während des Essens kommt ein Diener zu Jonathan.
Jonathan lacht.
»Ich habe einen Sohn!« ruft er. »Er heißt Mephiboseth!«
Alle jubeln und klatschen. Saul umarmt Jonathan. Jonathan eilt nach Hause.
Nach dem Essen spielen Musikanten auf. Die Mädchen und Burschen reichen sich die Hände und hüpfen und tanzen durch den Burghof. Auch der König muß mittanzen.
»Eigentlich bin ich zu alt dazu«, sagt er. Aber Michal zieht ihn einfach mit, und Saul lacht und ist fröhlich.
Als es dunkel wird, werden Fackeln angezündet. David hält Michals Hand.
»Ich hab dich gern«, sagt Michal, und in ihren dunklen Augen spiegeln sich die Flammen.
David nimmt Michal am Arm. Junge Männer holen Fackeln. Sie begleiten das Brautpaar in ihr Haus.
Die Freundinnen Michals schließen sich dem Zug an. Sie tanzen in ihren weißen Kleidern im Schein der Fackeln und singen in die Nacht hinaus:

»Auch die größten Wasser
können die Liebe nicht auslöschen.
Und die größten Ströme
können sie nicht überfluten.«

*

Ein Jahr sind David und Michal verheiratet.
Eines Abends kommt David aufgeregt nach Hause.
»Dein Vater hat wieder seinen Speer nach mir geschleudert«, sagt er. »Ich weiß nicht, was ich tun soll.«
Michal ist erschrocken.
»Ich geh zum Vater«, sagt sie. »Ich will mit ihm reden und ihn beruhigen.«
Michal kommt erst wieder zurück, als es schon dunkel ist. Sie ist außer Atem. Ihr Gesicht ist bleich.
»Es ist schrecklich«, sagt sie. »Mein Vater hat mich nicht in sein Zimmer gelassen. Durch die ganze Burg hat man ihn schreien hören: Ich werde ihn töten! Ich werde ihn töten! Dann hat er den Abner rufen lassen. Ich habe gehört, wie er zu ihm gesagt hat: Bewacht Davids Haus! Er darf mir nicht entkommen! Und morgen früh verhaftet ihr ihn!«
Michal weint.
»Du darfst nicht hierbleiben, David«, sagt sie.
David nimmt sie in seinen Arm und streicht ihr übers Haar.
»Wenn dein Vater krank ist«, sagt er, »redet er immer so wirr. Du darfst es nicht so ernst nehmen, Michal. Morgen hat er sich bestimmt wieder beruhigt!«
Michal trocknet ihre Tränen. Sie macht Feuer und kocht das Nachtessen.
Später, als sie zu Bett gegangen sind, kann Michal nicht einschlafen. Sie hört jedes Geräusch. Vor dem Dorf heult ein wildes Tier. Und irgendwo schreit ein Nachtvogel. Mitternacht muß längst vorbei sein.
Plötzlich richtet sich Michal auf.
»David!« ruft sie leise. »Hörst du nichts?«
Michal geht zur Tür und öffnet sie vorsichtig einen Spalt.
»Es ist Abner«, flüstert sie. »Er hat fünf Soldaten von der Leibwache bei sich! Sie stehen im Hof und bewachen die Tür.«
Leise schließt sie die Tür wieder und verriegelt sie.
»Es ist meinem Vater also doch ernst«, sagt Michal. »Sie wollen dich verhaften. Du mußt fliehen, David!«
Michal zündet eine Öllampe an. Sie geht in die Vorratskammer und packt getrocknetes Fleisch, Brot und Käse in ein Tuch.
»Ich geh nach Rama«, sagt David. »Zu Samuel. Dort bin ich sicher. Ich

bleibe ein paar Tage dort. Bis dahin wird sich dein Vater wieder beruhigt haben. Aber bevor ich wieder zurückkomme, will ich mit Jonathan reden. Sag ihm, daß ich ihn in drei Tagen gegen Abend treffen will. Auf dem Feld vor Gibea. Bei der Baumgruppe.«
David knüpft sich den Beutel mit dem Essen auf den Rücken.
»Versuch, die Soldaten auf irgendeine Weise zurückzuhalten, Michal«, sagt er. »Ich muß einen Vorsprung gewinnen.«
Michal holt aus der Holztruhe ein Seil.
»Du mußt durch das Fenster fliehen, es geht nicht auf den Hof,« sagt sie. »Aber sei vorsichtig!«
Michal und David umarmen sich.
Dann zieht sich David zum kleinen Fenster hinauf. Michal wirft ihm das Ende des Seils zu.
»Halt fest!« flüstert David.
Michal hängt sich mit ganzer Kraft an das Seil und hält es fest. Schnell und lautlos läßt sich David an der Hausmauer hinunter.
Als das Seil nachgibt, weiß Michal, daß David entkommen ist. Sie zieht das Seil ins Haus und windet es auf. Als sie es in die Truhe legen will, poltert es an die Tür.
»Ich bin es!« ruft Abner. »Befehl vom König Saul: David soll sofort mit auf die Burg kommen!«
Michal sieht in der Truhe eine große Holzfigur.
Plötzlich hat sie eine Idee.
»Aufmachen!« ruft Abner ungeduldig.
»Laß mich doch erst einmal aufstehen und die Lampe anzünden!« sagt Michal.
Schnell nimmt sie die Holzfigur und legt sie in Davids Bett.
Über den Kopf der Figur bindet sie ein Stück rötliches Ziegenfell. Dann deckt sie die Figur mit dem Bettuch zu.
Als sie die Tür öffnet, sagt Abner: »Es tut mir leid, Prinzessin Michal, daß ich so früh am Morgen stören muß. Aber Saul hat befohlen, daß David sofort zu ihm kommen muß.«
»David kann leider nicht auf die Burg«, sagt Michal. »Er hat gestern abend plötzlich Fieber bekommen. Und jetzt liegt er krank im Bett.«
Abner kratzt sich an seiner Narbe.
»Geh in die Burg!« ruft er einem Soldaten zu, »und frag den König, was wir tun sollen!«
Nach einer halben Stunde kommt der Soldat zurück.
»Der König befiehlt, daß wir den David samt dem Bett in die Burg bringen sollen.«

Zwei Soldaten gehen ins Haus und heben das Bett hoch.
Jetzt muß Michal laut herauslachen.
Abner reißt die Decke vom Bett.
Da lachen auch die Soldaten.
»Hört mit dem dummen Gelächter auf!« schreit Abner. »Und bringt das Bett zu Saul, wie er es befohlen hat.«
»Der Vater wird den Spaß sicher verstehen«, denkt Michal. »Vielleicht kann er sogar lachen.«
Aber Saul lacht nicht. Er läßt Michal kommen und ruft: »Das soll er mir büßen, dieser David!«

Die Rettung

1. Samuel 20; 22, 1–2; 23, 19–28

Vorbemerkung

Die Erzählung von Davids *Abschied* von Jonathan weist in der biblischen Fassung, die erst später entstanden ist, bereits auf Davids Königtum hin. Die Abschiedszene ist eben, wie alle andern Erzählungen auch, Teil eines Ganzen: eines Geschichtsablaufs, in dem, weil er nach Gottes Willen geschieht, die Zukunft in der Gegenwart beschlossen ist. Darum wird, wie Jonathan sagt, der jetzt flüchtige David bald einmal Entscheidungen eines Königs treffen.
Der *Neumondtag*, an dem sich Sauls Absichten gegenüber David zeigen sollen, ist ein Ruhetag. Wie überall, wo die Zeit in durch den Mondlauf bestimmte Fristen (Monate) eingeteilt wird, wurde auch in Israel der Tag, an dessen Vorabend die Mondsichel erstmals wieder sichtbar wurde, als Feiertag begangen.
Nach der Chronologie des 1. Samuelbuches geht David, nachdem er Michal verlassen hat und einige Zeit bei Samuel war (1. Samuel 19, 18) zum Priester Ahimelech nach Nob und dann zu Achis, dem König von Gath (1. Samuel 21). Es könnte aber wohl sein, daß beide Ereignisse hinter den Anfang des 22. Kapitels gehören, denn dort wird berichtet, daß David in die *Höhle Adullam* flüchtete. Falls diese Höhle bei der Stadt Adullam (Josua 15, 35) lag, kann man sie sich, wie ich es in der Erzählung tue, in der Nähe des Terebintentals vorstellen. Dort sammelt David ungefähr 400 Mann und bringt dann seine Eltern nach Moab in Sicherheit. Anschließend befreit David mit seinen Leuten die von Philistern belagerte

Stadt Kegila. Da ihn die Bewohner von Kegila trotz seiner Hilfsbereitschaft an Saul ausliefern wollen, flieht David in die Wüste *Siph*, einem Gebiet, das südlich und südöstlich von Hebron liegt, am Ostabfall des Gebirges zum Toten Meer. Die Bewohner von Siph, einem Ort auf der Wasserscheide südöstlich von Hebron, verraten Saul Davids Aufenthalt. David weicht weiter südlich in die Wüste Maon aus, zu einem Fels, der später »Fels des Entschlüpfens« genannt wurde. Dort wird er von Saul umzingelt, doch muß Saul die Belagerung wegen eines Philistereinfalls aufgeben.
Von allen diesen und den folgenden Ereignissen erzähle ich nur die Geschichte von der Bewahrung Davids in der Wüste Siph und diejenige von Sauls Verschonung (1. Sam 26), die im nächsten Abschnitt folgt.

Erzählung

Am Rand des großen Feldes vor Gibea stehen eine Baumgruppe und dichtes Gebüsch.
Vom Dorf her kommt Jonathan. Vorsichtig schaut er sich um und verschwindet im Gebüsch.
»David!« ruft er leise.
Im dürren Laub vom Vorjahr raschelt es.
David und Jonathan umarmen sich.
David ist traurig.
»Was habe ich deinem Vater denn getan, Jonathan, daß er mich töten will?«
»Du wirst nicht sterben, David«, sagt Jonathan. »Mein Vater ist nur böse, wenn der Geist über ihn kommt. Das weißt du doch. Er hat ja schon einmal den Speer nach dir geworfen. Und nachher ist alles wieder gut geworden!«
David schaut durch die Büsche nach Gibea, dorthin, wo sein Haus steht und Michal auf ihn wartet.
»Ich weiß nicht«, sagt David. »Ich habe das Gefühl, daß es mit deinem Vater immer schlimmer wird. Ich traue mich nicht, nach Gibea zurückzukommen.«
»Aber du kannst doch die Michal nicht allein lassen!« sagt Jonathan. »Und die Soldaten! Und mich! Und ganz Israel! Wir brauchen dich doch!«
»Ich habe eine Idee!« sagt David. »Morgen ist der erste Tag des neuen Monats. Und da sind alle Offiziere bei Saul zum Essen eingeladen. Auch ich sollte dabei sein. Wenn nun dein Vater fragt: Wo ist eigentlich der David?, dann gib ihm zur Antwort: David ist nach Bethlehem gegangen.

Seine Familie feiert ein Fest. Und da wollte er auch dabei sein. Wenn dann dein Vater sagt: Gut!, dann hat er sich beruhigt, und ich komme zurück nach Gibea. Wenn er aber zornig wird, dann ist das ein sicheres Zeichen, daß er mich töten will.«
»Gut«, sagt Jonathan. »Aber wie soll ich dir Nachricht geben, wie sich mein Vater verhalten hat? Ich habe schon heute vorsichtig sein müssen, als ich hierher kam. Mein Vater läßt mich beobachten. Wenn er weiß, wo du bist, dann entkommst du ihm nicht wieder so schnell wie vor drei Tagen.«
Einen Moment ist es still. Dann sagt Jonathan: »Ich weiß, wie wir es machen. Du versteckst dich bis morgen hier im Gehölz. Wenn wir dann morgen mit dem Essen fertig sind, tue ich so, als ob ich zum Bogenschießen gehe. Ich komme dann mit Addar, meinem Waffenträger, auf dieses Feld und schieße einen Pfeil ab. Und wenn ich dann Addar zurufe: Du bist zu weit gerannt, der Pfeil liegt näher bei mir! dann, David, kannst du wieder nach Gibea kommen. Dann hat sich mein Vater beruhigt. Wenn ich aber rufe: Lauf weiter, Addar! Der Pfeil liegt viel weiter vorne! – dann will mein Vater dich wirklich töten. Dann mußt du fliehen!«
Jonathan wischt sich mit der Hand über die Augen.
»Warum dürfen wir nicht Freunde sein!« sagt er. »Warum müssen wir uns heimlich treffen? Warum können wir nicht fröhlich sein? Warum ist mein Vater so krank? Warum?«
David nimmt Jonathans Hand. »Ich habe ein neues Lied gemacht«, sagt er. »Ich will es dir vorsingen.« Leise singt David:

»Der Herr ist mein Hirte,
mir wird nichts mangeln.
Auf grünen Auen läßt er mich lagern,
zur Ruhstatt am Wasser führt er mich.
Er stillt mein Verlangen;
er leitet mich auf rechtem Pfade
um seines Namens willen.
Und ob ich schon wanderte im finstern Tal,
ich fürchte kein Unglück;
denn du bist bei mir,
dein Stecken und Stab, der tröstet mich.
Du deckst mir den Tisch
im Angesicht meiner Feinde;
du salbst mein Haupt mit Öl
und schenkst mir den Becher voll ein.
Lauter Glück und Gnade werden mir folgen
all meine Tage.»

David schweigt.
Die Bauern treiben die Ochsen von den Feldern nach Hause. Auf den Schultern tragen sie die Pflüge.
»Gott ist trotz allem bei uns«, sagt David. »Er schickt uns auch wieder bessere Zeiten. Bald einmal wirst du König werden, Jonathan. Und dann können wir immer beieinander bleiben.«
»Ich weiß nicht«, antwortet Jonathan. »Ich muß immer daran denken, daß du, David, der allerbeste König wärst. Du bist tapfer. Und alle Israeliten lieben dich.«
David starrt Jonathan an. Und mit einemmal kommt ihm alles wieder in den Sinn: Wie er als junger Hirt auf dem Feld vor Bethlehem die Schafe hütet. Wie ihn Joab nach Hause ruft. Wie er vor Samuel steht. Wie ihn seine grauen Augen unter buschigen Brauen anschauen, als wollten sie ihn durchbohren. Wie ihm das Öl über Haar und Gesicht läuft. Wie Eliab lacht: »Unser Kleiner ist gesalbt worden. Wie ein König!«
»Samuel hat mich zum König gesalbt!« durchfährt es David.
Noch immer starrt er Jonathan an.
»Wir wollen immer Freunde bleiben!« sagt er endlich. »Und wenn einer von uns stirbt, dann soll der andere für seine Familie sorgen.«
David und Jonathan umarmen sich noch einmal.
Dann geht Jonathan zur Burg zurück.
David bleibt im Versteck. Als es Nacht wird, hüllt er sich in seinen Mantel und schaut zu den Sternen empor.
»Der Herr ist mein Licht und mein Heil«, betet er. »Vor wem sollte ich mich fürchten?«
Am andern Morgen weckt ihn die Sonne. Bauern kommen von Gibea und arbeiten auf den Feldern.
Der Morgen geht vorüber.
Es wird Mittag.
Endlich, am späten Nachmittag, sieht David zwei Gestalten auf dem Weg von Gibea kommen. Es sind Jonathan und Addar. Jonathan stellt sich am andern Ende des Feldes auf. Er zieht einen Pfeil aus dem Köcher und spannt den Bogen. Der Pfeil saust durch die Luft, und Addar springt los, ihn zu suchen.
»Lauf, Addar, lauf!« ruft Jonathan. »Der Pfeil liegt weit vor dir!«
Da schleicht David durch die Büsche. Er kriecht durch das hohe Gras.
Die Sonne geht unter.
David eilt weiter. Er ist die ganze Nacht unterwegs. Gegen morgen kommt er in die Nähe von Bethlehem. Am Wegrand sitzt ein Hirte und wärmt sich am Feuer.

»David!« ruft er.
»Verrat mich nicht!« sagt David. »Ich bin auf der Flucht vor Saul. Ich verstecke mich in der Höhle im Tal der Eichen. In der Nähe, wo ich den Goliath erschlagen habe. Sag es meinem Vater! Und meinen Freunden!«
David eilt weiter.
Bald hat er die Höhle erreicht. Todmüde sinkt er zu Boden und schläft sogleich ein.

*

David starrt auf das feuerrote Zelt.
Er steht ganz allein am Ufer des ausgetrockneten Flusses im Tal der Eichen.
Das Zelt steht auf der andern Seite.
Da bewegt sich am Eingang des Zeltes der Vorhang. Eine Gestalt kommt aus dem Zelt. Sie sieht aus wie ein Tier. Aber es ist kein Tier. Es ist ein Mensch. Ein Ungeheuer. Ein Riese. Der Riese Goliath!
Goliath steigt zum ausgetrockneten Flußbett hinunter. Er kommt auf David zu.
David greift in seine Hirtentasche. Er sucht die Schleuder.
Ein Schreck durchfährt ihn: »Ich hab meine Schleuder ja dem Jonathan geschenkt!«
David will fliehen. Aber seine Beine sind so schwer wie Eisen. Als er an sich hinunterschaut, sieht er, daß er Beinschienen anhat.
Schon hört er das Knirschen der Steine.
Die Gestalt kommt näher.
Da sieht David, daß es gar nicht Goliath ist, der ihn verfolgt, sondern der König Saul. In der rechten Hand hat er seinen Speer. Saul hebt die Hand und schleudert den Speer nach David.
Mit einem Schrei erwacht David.
Er richtet sich auf.
»Michal!« ruft er.
»Michal«, tönt dumpf das Echo.
Jetzt kommt David alles wieder in den Sinn: die Flucht und sein Versteck in der Höhle. Es muß schon später Mittag sein.
Da hört er wieder das Knirschen der Steine im ausgetrockneten Flußbett.
»Hat Abner mein Versteck schon gefunden?« denkt David.
Mit einem Satz ist er auf den Beinen und schleicht weiter in die Höhle zurück.
Im Eingang der Höhle steht eine Gestalt.
»David!« ruft eine Stimme.

David rührt sich nicht.
»Ich bin's, der Joab!«
David eilt zum Eingang. Er umarmt Joab.
»Ich bin so froh, daß du gekommen bist!« sagt David.
»Du hast uns geholfen, als die Philister uns das Land haben wegnehmen wollen«, sagt Joab. »Jetzt helfen wir dir!«
»Was heißt wir?« fragt David. »Du bist ja allein!«
»Wart nur ab!« sagt Joab und holt Brot und Käse aus seinem Beutel. »Überall in Bethlehem und in Hebron und in den andern Städten und Dörfern Judas reden die Menschen von nichts anderem als von deiner Flucht. Und alle wollen dir helfen!«
David und Joab verlassen die Höhle. Draußen scheint die Sonne.
David bricht das Brot. Er beißt in den Käse. Er hat Hunger.
Zwei Männer kommen auf die Höhle zu. Es sind Joabs Brüder Abisai und Asahel. Kurz darauf kommen Davids Brüder und andere Männer aus Bethlehem. Und dann kommen Gruppen aus Hebron, aus Siph, aus Maon und vielen andern Dörfern Judas. Manche bringen Waffen mit, andere Brot, Milch, Wasser, Käse Mandeln und Öl. Aber die meisten haben nichts bei sich, und viele sind in Lumpen gekleidet. Es sind arme verschuldete Bauern und Hirten.
Gegen Abend sind etwa 400 Männer bei David.
»Ich habe nie gedacht, daß ich so viele Freunde habe«, sagt David. »Ich danke euch, daß ihr mir helfen wollt. Aber ich kann euch nicht hier behalten.«
»Wir gehen nicht mehr nach Hause!« ruft einer.
»Wir bleiben bei dir!« ein anderer.
»Wir bleiben bei dir!« rufen Hunderte.
»Aber wo soll ich das Essen für euch hernehmen?« sagt David.
Ein Mann kommt auf David zu. Er ist klein und er ist älter als David. Sein Bart und seine Haare haben schon graue Stellen.
»Schau dir die Männer an, David«, sagt er. »Sie sind jung und stark. Und die Bauern und Hirten in Juda sind froh, wenn ihnen jemand ihre Felder und Herden beschützt. Die Amalekiter und anderes Raubgesindel stehlen, was sie nur können.«
»Und was soll ich tun?« fragt David.
Der kleine Mann pfeift durch die Zähne und lacht.
»Du sollst diese Männer da zu Soldaten ausbilden! Die Bauern sollen uns dafür zu essen geben!«
David schaut den Mann an.
»Du bist ein gescheiter Kopf«, sagt er. »Wie heißt du?«

»Ich heiße Husai«, sagt der Mann.
»Du bleibst in meiner Nähe, Husai«, sagt David. »Ich kann kluge Männer brauchen.«
So wird David der Beschützer der Herden und der Felder der Bauern und der Hirten in Juda. Und die vierhundert Männer werden seine Soldaten.
Jetzt hat David kein Haus mehr. Er wohnt in keiner Stadt und in keinem Dorf. Mit seinen Soldaten zieht er durch die Wüste und die Steppe. Fast immer marschieren sie nachts. Tagsüber verstecken sie sich in Höhlen und hinter Felsen.
Eines Tages, als sie in der Nähe des Dorfes Maon auf den Berghöhen über dem Toten Meer lagern, kommt Joab angerannt.
»Saul kommt!« ruft er ganz außer Atem. »Mit zweitausend Soldaten. Oder dreitausend. Ich habe sie nicht zählen können!«
David gibt den Befehl zum Aufbruch.
»Sie sind in der Übermacht«, sagt er. »Wir müssen versuchen, ihnen zu entwischen und uns zu verstecken.«
Davids Soldaten marschieren los.
Außerhalb des Dorfes Maon führt der Weg links zum Toten Meer hinunter, der Weg rechts zum Mittelmeer. Gegen Osten dehnt sich die große Steinwüste aus. Steil fallen die Felsen ab gegen das Tote Meer.
»Wir verstecken uns in der Wüste!« befiehlt David.
Die Soldaten verlassen den Weg. Gebückt schleichen sie zwischen Steinen und Felsen vorwärts.
Noch sind sie nicht weit vom Weg entfernt, als sie die Schritte von Sauls Soldaten hören.
»Versteckt euch!« ruft David. »Und daß sich keiner bewegt!«
David späht hinter einem Felsen hervor. Die Sonne steht schon tief und blendet ihn. Aber David erkennt Saul trotzdem. Er ist noch immer einen Kopf größer als alle andern. In der Hand hält er seinen Speer. Bei der Weggabelung bleibt Saul stehen.
»Wo sind sie durch, Abner«, ruft Saul, »links oder rechts?«
Abner kratzt sich an seiner Narbe.
»Ich weiß es nicht«, sagt er. »Aber sie haben bestimmt den Weg zum Toten Meer genommen. Rechts geht es zu den Philistern.«
»Aber dann müßten wir sie doch sehen«, sagt Saul. »Sie sind ja wie vom Erdboden ver...«
»Dort!« ruft Abner und zeigt nach einem Felsen. »Dort in der Wüste! Ich habe einen Kopf gesehen! Los!«
Sauls Soldaten stürmen in die Wüste.
David gibt das Zeichen zur Flucht.

»Auf die Rückseite des hohen Felsens!« ruft er. »Dort kommen sie nicht durch.«
David und seine Soldaten klettern wie Gemsen auf den Fels. Hier gibt es keinen Weg mehr. Steil fallen die Berge ins Tal hinunter.
Saul gibt die Verfolgung auf. »Wachen aufstellen!« befiehlt er. »Wir warten. Wenn es sein muß, ein ganzes Jahr lang. Einmal müssen sie ja Hunger und Durst bekommen und von den Felsen herunterkriechen.«
Sauls Soldaten stellen die Zelte auf. Sie laden Holz und Kochtöpfe von den Maultieren ab. Bald prasseln ein paar Feuer. Es duftet nach Suppe.
David kauert auf einem schmalen Vorsprung auf der andern Seite des Felsens. Seine Leute sind überall am Berg verstreut. Sie haben kaum Platz, sich auszustrecken. Weit unter ihnen liegt in der Dunkelheit das Tote Meer. Über ihnen funkeln die Sterne.
Irgendwo in der Wüste schreit ein wildes Tier.
»Da kommen wir nicht mehr lebend hinunter!« sagt einer von Davids Soldaten. »Entweder stürzen wir in die Tiefe, oder Sauls Soldaten töten uns, oder wir verdursten.«
Da hören sie Davids Stimme. Er singt in die Nacht hinaus:

»Der Herr ist mein Hirte,
mir wird nichts mangeln.
Auf grünen Auen läßt er mich lagern,
zur Ruhstatt am Wasser führt er mich.
Er stillt mein Verlangen;
er leitet mich auf rechtem Pfade
um seines Namens willen.
Und ob ich schon wanderte im finstern Tal,
ich fürchte kein Unglück;
denn du bist bei mir,
dein Stecken und Stab, der tröstet mich.
Du deckst mir den Tisch im Angesicht meiner Feinde;
du salbst mein Haupt mit Öl
und schenkst mir den Becher voll ein.
Lauter Glück und Gnade werden mir folgen
all meine Tage.«

Als die Sonne aufgeht, biegt ein Reiter auf einem Maultier von der Straße ab, und noch bevor er das Lager Sauls erreicht hat, ruft er: »König Saul! König Saul! Die Philister sind wieder in unser Land eingefallen!«
Saul gibt den Befehl, das Lager abzubrechen.
Die Feuer werden gelöscht, die Zelte abgebrochen, die Wachen eingezogen und die Kochtöpfe auf die Maultiere geladen.

Kurze Zeit später marschieren Sauls Soldaten in einer langen Kolonne dem Weg zu.
Saul sitzt auf seinem Maultier. Noch einmal dreht er sich um und ruft: »Du entkommst mir nicht, David! Wenn ich die Philister verjagt habe, kommst du dran! Und noch etwas: Ich will dich nicht mehr zum Schwiegersohn. Vor einer Woche habe ich befohlen, daß die Michal einen andern Mann, den Palti aus dem Dorf Gallim bei Jerusalem, heiratet! In einem Monat wird die Hochzeit gefeiert. Du bist auch eingeladen!«
Saul lacht und reitet davon.
David weint.
Husai tröstet ihn.
»Gott hat dir und uns das Leben gerettet«, sagt er.
Aber David ist traurig. Er ist traurig wegen Michal.
Kaum hat Saul die Philister verjagt, beschäftigen zwei Ereignisse ganz Israel.
In hohem Alter stirbt in Rama Samuel.
Seine Freunde schaufeln ihm in den Boden seines Hauses ein Grab, legen den toten Körper Samuels hinein und machen das Grab wieder zu.
Überall in Israel trauern die Menschen um Samuel.
Und dann geht die Nachricht von Dorf zu Dorf, von Stadt zu Stadt: »David hat wieder geheiratet! Seine Frau heißt Abigail. Sie ist die Witwe des reichen Bauern Nabal von Jesreel! Jetzt ist David ein reicher Mann. Und seine Frau ist jung und schön!

Die Verschonung

1. Samuel 26

Vorbemerkung

Sauls Armee führt im Troß auch *Wagen* mit, die dem Transport von Waffen und Lebensmitteln dienen. Nach ägyptischen und assyrischen Darstellungen handelt es sich um einfache Karren auf zwei oder vier Rädern, die entweder massiv waren oder sechs oder acht Speichen hatten. Meist wurden die Karren von zwei Ochsen (1. Samuel 6,7.10), Kühen (1. Sam. 6,10), Eseln oder Pferden (Jes. 21,7) gezogen. Da die Wagen nicht in die Wüste mitgeführt werden können, errichtet Saul – wohl nahe an einem Weg, vielleicht aber auch an der Straße, die von Hebron an den Dörfern der Wasserscheide entlang nach Süden führte – auf einem Hügel eine *Wa-*

genburg. (Ich halte mich bei Vers 5 an die übliche Übersetzung »Wagenburg«. Es gibt Kommentatoren, die, mit dem Hinweis, daß Saul keine Wagen besessen haben könne, mit »Lagerkreis« übersetzten.)
Abisai wird zum Versucher Davids. Er will Saul töten. Aber David erlaubt es ihm nicht. Denn das Handanlegen an den Gesalbten Gottes, das menschliche Eingreifen in Gottes Pläne, ließe den, der sich dessen vermessen würde, nicht ungestraft.
Kapitel 27, das ich in der Erzählung nur kurz zusammenfasse, berichtet, daß David aus Furcht vor Saul das jüdische Bergland verläßt und mit seiner Familie und seiner Truppe ins Philisterland geht. Dort gibt ihm der Philisterfürst Achis von Gath die Stadt *Ziklag* zu Lehen. David unternimmt von Ziklag aus Kriegszüge. Saul ist der gemeinsame Feind Davids und der Philister, und das Bündnis beider gegen den König von Israel ist politisch gesehen naheliegend. David haust in dem von ihm überfallenen Gebiet so schrecklich, daß er es vorzieht, seine Gefangenen zu töten, damit sie in Gath nicht gegen ihn aussagen können.

Erzählung

Saul hat die Philister vertrieben. Jetzt kann er mit David abrechnen.
Aber wo ist David?
David ist wie vom Erdboden verschluckt. Niemand hat ihn gesehen. Niemand weiß, wo er ist.
Saul sitzt auf seinem Thron und starrt an die Wand, als die Wache meldet: »Mein Herr und König, zwei Männer aus dem Dorf Siph im Gebirge Juda wollen zu dir!«
Saul nickt.
Die Männer werden ins Zimmer geführt. Sie verneigen sich vor dem König.
»Ihr kommt aus Siph?« fragt Saul.
»Ja, mein Herr und König«, antwortet der ältere der beiden.
»Und – was bringt ihr?«
»Gute Nachricht, König Saul! Wir wissen, wo David ist. Wir haben ihn vor drei Tagen gesehen. In der Wüste. Ganz in der Nähe des Felsens, wo er das letzte Mal war. Wenn du schnell kommst, entwischt er dir nicht mehr.«
Sauls Gesicht hellt sich auf. Er schlägt mit der Faust auf die Lehne seines Stuhls. Er steht auf. Er umarmt die Männer aus Siph.
»Ihr seid gute Untertanen«, sagt er. »Ich werde eure Treue zum König belohnen.«

Saul gibt Befehle.
Im Burghof sammeln sich die Soldaten.
Vor zweirädrige Holzkarren werden Esel gespannt. Die Karren werden mit Wasser und Lebensmitteln beladen.
Noch am gleichen Tag marschieren sie los. Als die Sonne untergeht, kommen sie in Bethlehem an. Am Brunnen machen sie kurze Rast. Die Tiere werden getränkt, und dann geht es weiter nach Süden, immer über den Berggrat.
Um Mitternacht erreichen sie Hebron. Die Einwohner der Stadt werden geweckt. Die Frauen müssen für den König und die Soldaten ein Nachtessen kochen. Die Männer richten Schlafstellen in den Häusern.
Der König und die Soldaten schlafen bis am Nachmittag des nächsten Tages. Dann geht der Weg weiter über Siph, bis fast nach Hores.
»Dort haben wir David und seine Leute gesehen!« sagen die Männer aus Siph zu Saul und zeigen mit dem Finger nach Osten. »Dort in der Wüste!«
»Es ist nicht leicht, David in der Wüste zu finden«, sagt Saul. »Was meinst du, Abner?«
»Wir müssen die Soldaten aufteilen«, antwortet Abner und kratzt sich an der Narbe. »In kleinen Trupps müssen wir die ganze Wüste durchkämmen.«
»Aber zuerst müssen wir ein Lager einrichten«, sagt Saul. »Dort auf dem Hügel ist ein guter Platz. Von dort werden wir morgen mit dem Suchen anfangen.«
Sauls Soldaten verlassen den Weg. Mühsam stoßen sie die Wagen über die Steine den Hügel hinauf.
Auf der Anhöhe richten sie das Lager ein. Rund um das Lager stellen sie die Wagen auf. Vor den Wagen stehen Soldaten Wache. Sie beobachten das Tal und die steilen Berge. Aber sie sehen nichts. Nirgends ist ein Mensch. Nirgends ein Tier. Nur Steine.
Sie sehen nicht, daß sich im Schatten eines Felsens auf dem gegenüberliegenden Berg etwas bewegt hat. Ein Mann kauert am Boden. Es ist ein Kundschafter Davids. Vorsichtig späht er zu Saul hinüber. Er sieht, wie Saul in der Mitte des Lagers seinen Speer in den Boden steckt. Das ist der Platz des Königs! Er sieht, wie sich um ihn herum Abner und die andern Offiziere lagern. Und dann die Soldaten.
Die Sonne geht unter. Im Lager lodert ein Feuer auf. Der Kundschafter schleicht davon. Er kennt den Weg. Er eilt über Steine und klettert über Felsen.
Irgendwo schreit ein Nachtvogel.
Der Kundschafter ahmt den Schrei nach.

Aus dem Dunkel treten Soldaten. Es sind Wachposten. Sie lassen den Mann durch. Zwischen Felsblöcken findet er den Eingang zur Höhle. David und seine Leute sitzen um ein Feuer.
»Joab!« ruft David. »Komm ans Feuer und erzähl!«
Joab setzt sich zwischen seine Brüder Abisai und Asahel. Er berichtet von Sauls Ankunft und vom Lager auf dem Hügel.
»Als ich weggegangen bin, haben sie sich schlafen gelegt«, sagt er. »Saul in der Mitte des Lagers. Er hat seinen Speer in die Erde gestoßen.«
David schaut die drei Brüder an.
»Ich will heute nacht Saul einen Besuch machen«, sagt er. »Kommst du mit, Abisai?«
Abisai springt auf. »Natürlich komme ich mit!« sagt er. »Soll ich den Dolch oder den Speer mitnehmen?«
»Wir nehmen keine Waffen mit«, sagt David.
Eine Stunde später sehen sie den Hügel. Schwarz hebt er sich vom Nachthimmel ab, der mit Tausenden von Sternen übersät ist. Noch leuchtet die Glut des Feuers in der Mitte des Lagers.
»Wir schleichen hinauf«, sagt David. »Aber vorsichtig, damit kein Stein den Hang hinunterkollert!«
Langsam kriechen David und Abisai den Hügel hinauf. Immer wieder halten sie an, verschnaufen und lauschen in die Nacht. Nach einer Stunde erreichen sie die Anhöhe. Minutenlang liegen sie regungslos und starren auf die Wagenburg.
Nichts rührt sich.
»Ich glaube, die Wachen sind eingeschlafen«, flüstert David. »Komm, wir gehen weiter!«
Als sie unter einem Wagen hindurchkriechen, wiehert ein Maultier. Einer der Soldaten beginnt zu schnarchen.
David und Abisai liegen regungslos am Boden. Dann schleichen sie weiter. Ihre Herzen pochen, und ihre Sinne sind wach und gespannt.
Immer näher kommen sie zur Mitte des Kreises. Dorthin, wo Sauls Speer in der Erde steckt.
Jetzt sind sie am Ziel.
In der Glut des Feuers sieht David Abner und Saul. Beide schlafen.
Sauls Haare sind schneeweiß geworden. Sein Gesicht ist zerfurcht. Sorgen und Angst haben ihre Spuren hinterlassen.
Nur eine Handbreit vom Kopf entfernt steckt der Speer im Boden. Der Speer mit der Spitze der Pflugschar. Der Speer, mit dem Saul zweimal nach David geworfen hat.
Abisais Hand greift nach Sauls Speer.

»Gott hat gewollt, daß wir bis hierher gekommen sind«, flüstert er so leise, wie er kann. »Gott gibt den Saul in deine Hand!«
David schweigt.
»Mit einem Stoß spieß ich ihn an den Boden«, flüstert Abisai. »Ein zweiter wird nicht nötig sein.«
Vorsichtig zieht Abisai den Speer aus dem Boden und steht auf.
»Töte ihn nicht«, flüstert David. »Er ist der Gesalbte Gottes. Gott hat ihn zum König erwählt. Und niemand darf einen von Gott Gesalbten ungestraft töten. Gib mir den Speer! Nimm den Wasserkrug, der dort neben Saul steht. Und dann: zurück! Bald wird es Tag!«
Abisai und David schleichen zurück; vorbei an den Offizieren, vorbei an den Soldaten, unter den Wagen hindurch, vorbei an der schlafenden Wache. Sie eilen den Hügel hinunter.
Ein Stein löst sich und poltert ins Tal hinunter. Erschreckt ducken sich David und Abisai in eine Mulde. Aber Sauls Soldaten wachen nicht auf.
David und Abisai durchqueren geduckt das Tal und verschwinden hinter dem Berg, der auf der andern Seite des Tales liegt.
Langsam verblassen die Sterne. Im Osten färbt sich der Himmel gelb und rot.
Da schreckt Abner auf.
Hat nicht jemand seinen Namen gerufen?
Er springt auf die Beine, reibt sich die Augen aus und starrt vom Hügel ins Tal hinunter. Aber noch ist es zu dunkel, um etwas zu erkennen.
Da! Wieder die Stimme!
»Abner! Abner!«
Jetzt erwachen auch der König und die Soldaten.
»Dort!« ruft Abner. »Dort auf dem Berg! Ganz oben auf dem Gipfel!«
Der König und die Soldaten schauen hinauf. Im Licht der aufgehenden Sonne sehen sie eine Gestalt, die sich dunkel vom Himmel abhebt.
»Was willst du?« ruft Abner.
»Du bist doch Abner!« ruft die Gestalt vom Berg. »Du bist doch ein Mann, wie es sonst keine mehr in Israel gibt! Ein Held! Der Beschützer des Königs! – Aber warum hast du dann deinen Herrn und König diese Nacht nicht beschützt? Warum hast du geschlafen, als fremde Leute in dein Lager eingedrungen sind?«
Abner lacht.
»Kein Mensch ist heute nacht in unser Lager eingedrungen«, sagt er.
»Dann schau doch nach, Abner!« ruft die Gestalt vom Berg. »Wo ist der Speer des Königs? Und wo ist sein Wasserkrug?«
Alle schauen auf die Stelle, wo Saul geschlafen hat.

Speer und Wasserkrug sind weg.
»Wer bist du?« ruft Abner.
Da tönt es vom Berg:

»Der Herr ist mein Hirte,
mir wird nichts mangeln,
auf grünen Auen läßt er mich lagern,
zur Ruhstatt am Wasser führt er mich.
Er stillt mein Verlangen;
er leitet mich auf rechtem Pfade
um seines Namens willen.
Und ob ich schon wanderte im finstern Tal,
ich fürchte kein Unglück;
denn du bist bei mir,
dein Stecken und Stab, der tröstet mich.«

»Es ist David«, stammelt Saul. »Es ist David! Ich will mit David reden!«
Mühsam geht Saul bis an den Rand des Hügels. Wie ein greiser Mann steht er da und ruft: »David! David!«
»Warum verfolgt mich mein Herr und König?« Davids Stimme ist traurig. »Was habe ich getan, daß du auf mein Leben Jagd machst wie ein Geier, der in den Bergen ein armes Rebhuhn jagt?«
Saul fährt sich mit seiner Hand über die Augen.
»Ich... ich habe gefehlt«, sagt er. »Aber komm doch zurück, David! Ich verspreche dir, daß ich dir nie mehr ein Leid antun werde! Hörst du: nie mehr! Du hast heute nacht mein Leben verschont. Aber ich habe nicht recht gehandelt. Ich habe mich an dir vergangen. Komm zurück, David!«
Ganz still ist es.
Die Sonne steigt höher. Ihre Strahlen fallen in die dunklen Täler. Am blauen Himmel kreist lautlos ein Adler.
Da hält David den Speer Sauls in die Höhe.
»Hier ist der Speer des Königs!« ruft er. »Schick einen von den Soldaten herüber, um ihn zu holen. Leb wohl, Saul! Und möge Gott dir und mir die Sünden vergeben!«
David stößt den Speer Sauls in den Boden und verschwindet hinter dem Berg.
Saul starrt hinüber.
»Hol den Speer!« befiehlt Abner einem Soldaten. »Und schau, wo David hingegangen ist!«
Der Soldat rennt den Abhang hinunter und durch das Tal. Eine Stunde später kommt er mit dem Speer Sauls zurück.
»Ich habe David nirgends mehr gesehen«, sagt er.

»Brecht das Lager ab!« befiehlt Saul. »Wir gehen zurück nach Gibea.«

*

David geht zu seinen Leuten zurück.
»Saul wird sein Versprechen nicht halten«, sagt er. »Eines Tages wird er mich töten. Darum verlassen wir jetzt das Land und gehen zu den Philistern!«
Den Philistern ist es recht, daß David zu ihnen kommt. Sie planen einen neuen Krieg gegen Saul und sind froh, daß David nicht auf Sauls Seite steht.
Der Philisterkönig Achis weist David die Stadt Ziklag zu. Dort kann David mit seinen Soldaten wohnen.
Als Achis und die andern Philisterfürsten gegen Saul in den Krieg ziehen, müssen auch David und seine Soldaten mit.
Aber die Anführer der Philister sind mißtrauisch.
»Schick den David und seine Soldaten nach Ziklag zurück!« sagen sie zu Achis. »Sonst wird er sich mitten im Kampf auf die Seite Sauls stellen und gegen uns kämpfen. Der David ist nämlich ein gefährlicher Bursche! In ganz Israel singt man: Saul hat Tausende erschlagen; David aber Zehntausende!«
Da schickt Achis den David nach Ziklag zurück.

Endor

1. Samuel 28; 31

Vorbemerkung

Jesreel (»Gott sät«) heißt einerseits die fruchtbare Ebene nordöstlich des Karmelgebirges und andererseits eine Ortschaft, die in dieser Ebene am Fuß des Gilboagebirges lag. Hier lagerten die Israeliten an der Quelle, an der wohl einst Gideon seinen Überfall auf das Midianiterlager gewagt hatte (Richter 7).
Während die Philister bis jetzt nur das mittelpalästinische Gebirge angegriffen hatten, ziehen sie jetzt ihr Heer bei *Sunem* – nach 1. Samuel 29 bei *Aphek* – zusammen. Beide Orte liegen nahe beeinander, nur wenige Kilometer nordöstlich des Dorfes Jesreel am Fuß des dschebel ed-dahi, eines einzelnen Berges, der sich zwischen dem Gilboagebirge und dem Tabor

am östlichen Ende der Ebene Jesreel befand. *Endor* lag auf der gegenüberliegenden Seite am Nordhang eines Vorbergs des dschebel ed-dahi.
Bei der *Totenbeschwörerin* von Endor handelt es sich um eine medial begabte Frau, die, wie es noch heute in spiritistischen Zirkeln geschieht, Erscheinungen oder Stimmen Verstorbener manifest machen kann. Ob nur die Frau als Vermittlerin zwischen Geist und Mensch oder ob auch Saul direkt an der Erscheinung teilhat, geht aus dem Text nicht hervor. Der Erzähler kann, sofern ihm meine Erzählweise zu massiv erscheint, entsprechend ändern. Jedoch sei festgehalten, daß die Bibel die Tatsächlichkeit solcher Phänomene und die Begabung der Geisterbeschwörung nicht bestreitet. Sie gebietet jedoch (3. Mose 19,31): »Ihr sollt euch nicht an die Totengeister und an die Wahrsagegeister wenden, ihr sollt sie nicht befragen und euch so an ihnen verunreinigen.« Saul hat, im Sinne dieses Gebots, das Land von Totenbeschwörern und Wahrsagern gesäubert, weiß aber in seiner Verzweiflung keinen andern Ausweg, als selber bei einer medial Begabten Zuflucht zu suchen.
Der Bericht über *Sauls Niederlage* und Tod findet sich fast gleich auch in 1. Chronik 10. Während dort jedoch sein Tod mit Treulosigkeit und Ungehorsam begründet wird, enthält sich hier der Verfasser jeden Tadels. Die Würde des Gesalbten Gottes wird von ihm respektiert. Ich lasse den Verlauf der Schlacht durch einen Boten erzählen, wobei ich Einzelheiten – wie das Gespräch Sauls mit seinem Waffenträger – auslasse. Indessen erwähne ich die *Flucht Abners, Isjos und Meriboseths*, da sie in der folgenden Erzählung wieder erwähnt werden.
Nicht ohne innere Teilnahme und Freude erfahren wir, daß die Bewohner von Jabes ihrem einstigen Retter und seinen gefallenen Söhnen den letzten Liebesdienst einer würdigen Bestattung erweisen. Da Kommentatoren es für möglich halten, daß anstelle des »sie verbrannten sie (die Leichname) dort« ursprünglich gestanden haben könnte »sie hielten ihnen dort Totenklage«, halte ich in der Erzählung an der in Israel üblichen Erdbestattung fest. Sauls und Jonathans Gebeine sind nach 2. Samuel 21,12ff später auf Davids Befehl im Familiengrab in Zela begraben worden.

Erzählung

Abner stürmt die Treppe der Burg hinauf und stürzt in Sauls Regierungszimmer.
»König Saul!« ruft er. »Es gibt wieder Krieg. Die Fürsten der Philister und alle Offiziere und Soldaten marschieren auf der Straße, die dem Meer entlang geht, nach Norden gegen die Ebene Jesreel!«

»Und warum greifen sie uns nicht in den Bergen an?« fragt Saul. »Hier in Gibea? Oder in Bethlehem? Wie sie es früher getan haben?«
Abner kratzt sich an der Narbe und zuckt die Achseln.
»Ich weiß auch nicht«, sagt er. »Aber es sind viel mehr Soldaten als früher! Ein unübersehbares Heer.«
Saul lacht.
»Wir haben die Philister schon dreimal verjagt«, sagt er. »Auf einmal mehr oder weniger kommt es mir nicht an! Ich befehle: Alle Soldaten und alle Männer in Israel sollen sich bis übermorgen vor dem Dorf Jesreel, bei der Quelle, versammeln. Auch meine Söhne kommen mit in den Krieg: Jonathan, Abinadab, Isjo und Malkisua.«
Abner eilt davon.
Ein paar Stunden später sind Saul und seine Soldaten schon unterwegs. Sie marschieren über die Höhen des Gebirges Ephraim. In den Dörfern schließen sich ihnen Bauern und Handwerker mit Speeren und Steinschleudern an.
Zwei Tage später erreichen sie den letzten Gipfel des Gebirges. Vom Berg Gilboa schauen sie ins Tal hinunter.
Unter ihnen liegt die Ebene Jesreel. Links von der Ebene sehen sie das Meer, und rechts schlängelt sich der Jordanfluß vom See Genezareth nach Süden. Im Norden aber ragen Hügel und Berge in den Himmel.
»Seht ihr die Brunnen und den Bach da unten!« sagt einer der Soldaten. »Da gibt es zu trinken! Und zu essen! So große Äcker, Wiesen und Gerstenfelder hab ich noch nie gesehen!«
»Jesreel heißt: Gott sät«, sagt Jonathan. »Gott hat dieses Land mit großer Fruchtbarkeit gesegnet.«
»Kein Wunder, daß die Philister es uns wegnehmen wollen«, brummt Abner. »Schaut, dort drüben sind sie schon!«
Abner zeigt auf die gegenüberliegende Seite der Ebene. Nahe beim Dorf Sunem haben die Philister ihr Lager aufgeschlagen: Hunderte von Zelten, um die herum es von Soldaten wimmelt. Sie putzen ihre Waffen, und die Rüstungen glänzen in der Sonne.
»Vater, was ist das dort neben dem Lager?« will Malkisua wissen. »Es sieht aus wie Wagen. Und schau, dort weiden Pferde!«
Da wird Sauls Gesicht kreideweiß. Er beißt sich auf die Lippen. Seine Hände zittern.
»Das sind... Streitwagen«, sagt er.
Alle starren auf die Wagen hinunter.
Abner zählt fieberhaft.
»Fünfzig, achtzig, hundert, hundertfünfzig, hundertneunzig... zweihun-

dert! Zweihundert Streitwagen mit feurigen Pferden. So schnell wie der Wind. Auf den Streitwagen werden die Bogenschützen stehen. Und an den Rädern der Wagen hat es Sicheln. Die mähen uns nieder wie reifes Korn in der Erntezeit!«
»Wir sind verloren«, sagt Saul. »Wir haben keine Streitwagen. Wir haben keine Pferde. Wir haben nur Schleudern, Keulen und Speere. In den Bergen waren wir den Philistern überlegen. Aber in der Ebene... wer kann uns da helfen?«
»Gott«, sagt Abner leise.
»Ob Gott mir eine Antwort gibt?« fragt Saul. »Ob er mir sagt, daß ich die Philister angreifen soll? Wie damals, als die Ammoniter Jabes belagert hatten und der Geist Gottes über mich gekommen ist.«
Saul seufzt.
Schweigsam und erschrocken marschieren sie nach Jesreel hinunter und schlagen ihr Lager auf.
Früh gehen die Soldaten schlafen. Sie sind müde vom langen Marsch. Saul aber schläft nicht. Er sitzt in seinem Zelt und starrt vor sich hin.
»Mein Gott«, sagt er, »was soll ich nur machen? Soll ich die Philister angreifen? Werde ich sie besiegen? Wirst du mir und meinen Soldaten Kraft geben? Oder hast du uns verlassen? – Gib mir eine Antwort, Gott! Gib mir eine Antwort!«
»Greif an!« sagt eine Stimme in Saul.
»Nein, greif nicht an!« sagt eine andere Stimme. »Laß das Lager abbrechen und flieh in der Nacht nach Gibea zurück!«
»Du bist doch stark!« sagt die erste Stimme. »Ein Held bist du! Weißt du noch, wie du die Ammoniter verjagt hast! Den Nahas! Den Schlangenkönig. Wie Frösche sind sie weggehüpft.«
»Glaub es nicht, Saul!« sagt die andere Stimme. »Du bist schwach. Ein alter Mann bist du. Und Gott hat dich verworfen.«
Die Sonne ist untergegangen. Im Zelt wird es dunkel und kühl.
»Samuel!« keucht Saul und starrt in die Ecke des Zeltes. »Samuel! Du bist mir doch sonst immer erschienen! Im Traum! Im Regierungszimmer der Burg! So komm doch jetzt! Und sag mir, was ich machen soll.«
Ganz still ist es im Zelt. Nichts rührt sich.
Mühsam steht Saul auf und stützt sich auf seinen Speer.
»Komm, Samuel«, sagt er leise. »Nur dieses eine Mal noch! Sag mir, was ich tun muß!«
Saul sieht nichts. Alles bleibt still.
»Abner!« ruft Saul. »Bring mir einen Soldaten, der sich hier in der Gegend auskennt!«

Kurze Zeit später kommt Abner mit einem Soldaten in Sauls Zelt.
»Wie heißt du?«
»Sebulon!«
»Weißt du, Sebulon« – Sauls Stimme wird zu einem Flüstern, »weißt du, ob es hier noch eine... eine Wahrsagerin gibt. Eine Frau, die Tote erscheinen lassen kann?«
»Aber mein Herr und König«, ruft Sebulon erschrocken, »du selber hast doch die Wahrsagerei und die Totenbeschwörung in ganz Israel verboten.«
»Natürlich habe ich das verboten«, sagt Saul. »Aber jetzt brauch' ich selber eine Totenbeschwörerin. Gott will mir keine Antwort mehr geben. Da muß ich mir die Antwort erzwingen.«
»Ich wüßte schon eine«, sagt Sebulon. »Ich bin in Aphek aufgewachsen. Aphek liegt am Berg dort im Norden. Und auf der andern Seite des Berges liegt das Dorf Endor. Dort wohnt eine Totenbeschwörerin und Wahrsagerin.«
»Gut«, sagt Saul. »Schlaf bis um Mitternacht! Und du auch, Abner! Dann reiten wir zusammen nach Endor.«
Gegen Mitternacht steht Saul leise auf. Über sein Kleid wirft er einen langen dunklen Mantel mit einer Kapuze. Vorsichtig schleicht er aus dem Zelt. Abner und Sebulon warten schon vor dem Lager. Sie besteigen die Maulesel. Die schmale Sichel des Mondes weist ihnen den Weg. Sie reiten durch die Ebene Jesreel nach Norden. Vor ihnen ragen die Berge in den Himmel.
Bald erreichen sie ein kleines Tal. Ein steiniger Weg führt aufwärts ins Gebirge. Nach einer Stunde sehen sie im Schein des Mondes das Dorf Endor. Die wenigen Häuser sind an den Berghang gebaut. Nirgends hört man einen Laut.
Sebulon zeigt mit der Hand auf ein Haus. »In jener kleinen Hütte am Eingang des Dorfes wohnt die Totenbeschwörerin«, sagt er.
Sie steigen von den Mauleseln, binden sie an einem Baumstamm fest und gehen zu Fuß weiter.
Leise klopft Sebulon an die Holztür.
Nichts rührt sich.
Erst beim zweiten Klopfen hören sie Schritte hinter der Tür.
»Wer ist draußen?«, fragt eine tiefe Frauenstimme.
»Ich bin es, Sebulon!«
»Welcher Sebulon?«
»Sebulon, der Sohn des Jotham. Ich habe früher in Aphek gewohnt. Mein Vater ist Bauer gewesen. Jetzt bin ich Soldat.«

Im Haus wird ein Riegel zurückgeschoben. Eine Frau steht in der Tür. Sie ist schön. Ihre langen blonden Haare sind zerzaust, ihre Augen verschlafen. In der Hand hält sie eine Öllampe.
»Was willst du so spät in der Nacht, Sebulon?« fragt die Frau. Im gleichen Moment schreit sie leise auf.
»Du bist ja nicht allein!« sagt sie. »Was wollen die beiden andern?«
»Wir brauchen deine Hilfe«, sagt Sebulon. »Laß uns ins Haus, dann erklär ich dir alles.«
Das Haus besteht aus einem einzigen Raum. In der Mitte leuchtet die Glut des Feuers. An den Wänden stehen Krüge mit Wasser und Öl. Es riecht nach Salben und Gewürzen.
Die Frau deutet auf ihre Schlafmatte am Boden.
Die Männer setzen sich.
»Es ist«, sagt Sebulon, »... es ist wegen des Krieges. Die Philister wollen uns das Land wegnehmen. Und nun möchte dieser Mann da wissen, ob er angreifen soll oder nicht.«
Sebulon deutet auf Saul, der die Kapuze tief ins Gesicht gezogen hat.
»Ich bin kein Soldat«, sagt die Frau. »Ich kann euch nicht sagen, ob ihr angreifen sollt.«
»Ich will es auch nicht von dir wissen«, sagt Saul. »Ich will nur, daß du mir den Geist eines Toten erscheinen läßt.«
»Du weißt doch, daß das verboten ist«, sagt die Frau. »Der König selber hat es verboten. Er hat gesagt, daß jeder, der Totengeister beschwört, getötet wird.«
Die Frau wirft ein Holzscheit ins Feuer.
»Ich schwöre dir – so wahr Gott lebt –«, sagt Saul, »daß du nicht bestraft wirst, wenn du tust, was ich dir befehle.«
Die Frau zögert. In ihren großen Augen steht die Angst.
»Und«, sagt sie, »welchen Toten soll ich denn beschwören?«
Einen Moment ist es still.
Dann sagt Saul: »Den Samuel!«
Die Frau schreit auf. Mit zitternder Hand schiebt sie Saul die Kapuze vom Kopf.
»Ich hab' es gewußt«, sagt sie. »Du bist der König! Warum hast du mich getäuscht?«
»Du mußt keine Angst haben«, sagt Saul. »Ich habe geschworen, daß dir nichts geschieht. Und was ich versprochen habe, das halte ich. Aber jetzt befehle ich dir: Beschwör den Geist des Samuel! Ich muß mit ihm reden!«
Die Frau kauert auf den Boden. Sie schließt ihre Augen.
Minuten vergehen.

»Was siehst du?« flüstert Saul.
»Ich ... ich sehe einen Geist aus der Erde heraufsteigen«, sagt die Frau mit ihrer tiefen Stimme.
»Und – wie sieht der Geist aus?« fragt Saul hastig.
»Es ist ein alter Mann. Er hat einen Mantel um sich gehüllt.«
»Das ist Samuel«, flüstert Saul und starrt ins Feuer, in dem die Flammen züngeln.
Jetzt steht Saul auf und verneigt sich. Er sieht Samuel auf sich zukommen.
»Warum störst du mich in meiner Ruhe?« fragt Samuel. »Warum läßt du mich heraufkommen?«
»Ich bin in großer Not«, sagt Saul. »Die Philister sind gegen mich in den Krieg gezogen. Und Gott gibt mir keine Antwort, was ich tun soll. Darum habe ich dich rufen lassen. Sag du mir, was ich machen soll!«
»Warum fragst du mich?«, sagt Samuel. »Ich kann dir nichts anderes sagen als das, was du schon lange weißt: Gott hat dich verworfen. David ist zum neuen König gesalbt. Und morgen wirst du mit deinen Söhnen bei mir sein.«
Saul schwankt. Er hat keine Kraft mehr. Er fällt zu Boden.
»Der König hat den ganzen Tag und die ganze Nacht noch nichts gegessen«, stammelt Abner.
Die Frau eilt zum Krug. Sie schöpft Wasser und legt Saul ein nasses Tuch auf die Stirn. Saul schlägt die Augen auf.
Als er aufstehen will, hält ihn die Frau zurück.
»Ich habe getan, was du befohlen hast, König Saul«, sagt sie. »Aber jetzt befehle ich, und du mußt gehorchen!«
Die Frau mischt Mehl mit Wasser, knetet einen Teig und backt über der heißen Glut Brot. Dann holt sie Fleisch, kocht es in einem Topf und setzt dem König das Essen vor.
»Ich habe keinen Hunger«, murmelt Saul.
»Iß!« befiehlt die Frau.
Da ißt der König.
Nach der Mahlzeit brechen sie auf. Als sie von Endor wieder in die Ebene Jesreel hinunterreiten, ist der Mond schon untergegangen, und als sie an der Quelle bei Jesreel ankommen, färbt sich im Osten der Himmel rot. Sauls Soldaten sind schon gerüstet. Sie warten auf Sauls Befehl zum Angriff. Jonathan hat den Vater im ganzen Lager gesucht. Jetzt sieht er ihn heranreiten.
»Wo bist du gewesen, Vater?«
Saul winkt müde ab und steigt vom Maultier.
»Es wird Tag, Vater. Wir sollten angreifen!«

Saul schüttelt den Kopf.
»Wir greifen nicht an«, sagt er.
»Wir müssen angreifen, Vater!« drängt Jonathan. »Wenn wir es nicht tun, sind wir ver...«
»Wir greifen nicht an!« brüllt Saul so laut, daß die Soldaten zusammenlaufen. »Wir marschieren jetzt zurück; und zwar sofort! Nach Gibea! Los – brecht das Lager ab! Packt die Zelte zusammen!«
Hinter den Bergen des Ostjordanlandes geht die Sonne glutrot auf.
Da blitzen in der Ebene Jesreel Speerspitzen, Schwerter und Rüstungen auf.
Ein Wachtsoldat bläst ins Horn.
»Die Philister!« ruft er. »Sie greifen uns an.«
Hunderte von Streitwagen rasen auf das Lager der Israeliten zu.
»Zu den Waffen!« ruft Jonathan. »Stellt euch auf!«
Aber schon flüchten die Soldaten. Sie rennen den Abhang des Gilboa-Gebirges hinauf. Hinter ihnen jagen die Streitwagen der Philister her. Die Schützen auf den Wagen haben ihre Bogen gespannt. Die Sehnen pfeifen. Die Pfeile fliegen. Viele der Flüchtenden werden getroffen.
Die Philister haben Saul und seine Söhne entdeckt. Ein Pfeil trifft Sauls Arm. Der König verzieht sein Gesicht vor Schmerz.
»Wir können das Lager nicht mehr halten«, sagt Saul. »Los, Jonathan, geh mit Abinadab und Malkisua ins Gebirge! Ich komme mit meinem Waffenträger nach. Und du Abner, nimmst den Isjo mit dir!«
Da stürmen die Philister mit Siegesgeschrei ins Lager.
Sie verfolgen Saul und seine Söhne.
Abner und Isjo verstecken sich im Gebüsch am Hang des Gilboa-Gebirges.

*

Drei Tage später kommt ein Soldat mit zerrissenen Kleidern durch das Tor der Stadt Jabes.
»Führ mich zum Bürgermeister der Stadt!« sagt er zur Wache.
Wenig später steht er vor dem alten Mann. Dans Haare sind so schneeweiß wie vor Jahren, und sein Gesicht ist voller Falten und Furchen. Aber seine Stimme ist noch genauso kräftig wie damals.
»Was willst du, Fremder?« fragt der Alte.
»Kennst du mich nicht mehr, Dan?«
»Bist du es wirklich?« ruft Dan. »Laß dich umarmen, Addar!«
Ein Diener bringt Wein, Brot und Fleisch. Ein anderer wäscht Addar die Füße.

»Und jetzt, erzähl, Addar!« sagt Dan.
»Die Philister haben die Israeliten geschlagen«, sagt Addar. »Die Leute Sauls sind geflohen. Viele sind gefallen.«
»Und Saul?« fragt Dan, und seine Stimme zittert.
»Die Philister haben ihn verfolgt. Da hat er sich in sein eigenes Schwert gestürzt.«
»Und Jonathan?«
»Jonathan ist auch gefallen.«
»Und die andern Söhne?«
»Sie sind alle umgekommen. Außer Isjo. Er ist mit Abner ins Ostjordanland geflüchtet. In die Stadt Mahanaim am Jabbokfluß.«
»Und wie sieht es in Israel aus?«
»Die Philister sind bis ins Gebirge vorgedrungen«, sagt Addar.
»Sie haben die Burg in Gibea besetzt. Bevor sie gekommen sind, ist Jonathans Frau geflüchtet. Eine Dienerin hat Jonathans Söhnlein, den Meriboseth, auf den Arm genommen und ist Jonathans Frau nachgerannt. Und dann ist sie in der Dunkelheit gestolpert. Die Füße des Kindes sind gebrochen. Es wird wahrscheinlich nie mehr gehen können.«
Dan weint.
»Wenn ich daran denke«, sagt er, »wie Saul uns damals geholfen hat, als Nahas unsere Stadt belagerte. Und jetzt ist Saul tot.«
»Die Philister haben ihren Triumph ausgekostet«, sagt Addar. »Sie haben die Leichen Sauls und seiner Söhne an die Stadtmauer von Bethsean gehängt, damit sie jeder, der von Jesreel zum Jordan geht, sieht.«
»Das kann ich nicht zulassen«, ruft Dan und steht auf. »Und wenn ich selber nach Bethsean gehen muß: die toten Körper werden geholt und begraben. Diesen letzten Liebesdienst sind wir Saul schuldig.«
»Du brauchst nicht selber hinzugehen, Dan«, sagt Addar. »Ich mach das schon. Gib mir ein paar Soldaten mit, dann gehen wir noch heute nacht nach Bethsean.«
Am andern Tag werden Saul, Jonathan, Abinadab und Malkisua unter einem Baum in Jabes begraben, und die ganze Bevölkerung von Jabes weint um den toten König und die gefallenen Prinzen.

König David

2. Samuel 1–10

Vorbemerkung

Es wäre durchaus möglich, über die ersten zehn Kapitel des 2. Samuelbuches einen eigenen Band voller Geschichten zu schreiben. Im Zusammenhang mit den anderen Erzählungen über die drei ersten großen Könige Israels habe ich jedoch versucht, die mir für den Schüler wichtigen Teile dessen, was in der Bibel über den Anfang des Königstums von David berichtet wird, in einer einzigen Geschichte zusammenzufassen. Dazu gehören die beiden *Salbungen zum Doppelkönigtum*, die Erwähnung der *Eroberung Jerusalems*, die *Überführung der Lade*, der *Tod Abners* und das *Holen Meriboseths* an den Hof. Abner hat Isjo nach Machanaim im Ostjordanland gebracht und ihn dort zum König gemacht. Da Abner aus Sauls Familie stammt, rechnet er wahrscheinlich damit, später selber einmal König zu werden. Doch weder seine Kriegszüge gegen David noch sein Verrat an Isjo helfen ihm, seine Machtansprüche zu befriedigen. Im Tor von Hebron wird er von Joab, der damit seinen Bruder rächt, ermordet. Bald darauf findet auch Isjo, der etwa zwei Jahre regiert haben dürfte, durch die Hand zweier seiner Truppenführer den Tod.
Hebron, wo David sieben Jahre – zuerst nur über Juda, dann in Personalunion über ganz Israel – regiert, ist die berühmteste und vielleicht älteste Stadt im Gebirge Juda. In Mamre bei Hebron hatte Abraham sein Zelt aufgeschlagen, und in der Höhle von Machpella, die sich ebenfalls dort befindet, wurde er begraben. Die Stadt liegt in den oberen, noch nicht tief eingeschnittenen Anfängen eines Tales, dessen Hauptrichtung parallel mit der Wasserscheide von Norden nach Süden geht.
Die Jebusiterstadt *Jerusalem*, die David erobert, lag zwischen den nördlichen und südlichen Stämmen Israels. Sie ist Davids eigene Stadt, und David regiert bewußt von diesem neutralen Ort aus die beiden Staaten in Personalunion. Er gibt ihr auch eine eigene religiöse Bedeutung, indem er sie zum ständigen Aufenthaltsort der *Bundeslade*, die vorher abwechslungsweise an verschiedenen Heiligtümern aufbewahrt wurde, bestimmt.
Kapitel 9, mit dem die Thronfolgegeschichte Davids beginnt, erzählt, daß der König mit einem ehemaligen Beamten Sauls, Ziba, der noch immer zur alten Königsfamilie hält, Verbindung aufnimmt. Dieser berichtet ihm vom gelähmten Mephiboseth, und jetzt kann David das einst Jonathan gegebene Versprechen einlösen. Er läßt Mephiboseth an den Jerusalemer Hof kommen und stellt ihn seinen Söhnen gleich. Daß David nicht nur aus

Barmherzigkeit so handelt, sondern auch um den letzten noch möglichen Thronanwärter aus Sauls Familie unter Kontrolle zu haben, vermerken die meisten Kommentatoren. Aber »Davids Verhalten vereint hier huldreiche Treue zu dem toten Freund mit der gebotenen Staatsklugheit.« (Hertzberg)

Erzählung

David trauert um Saul und Jonathan. Er dichtet ein Lied. Er nimmt seine Leier. Er singt:

»Saul und Jonathan,
einander lieb und teuer:
sie waren zusammen im Leben
und sind im Tod vereint.
Sie waren schneller als Adler
und stärker als Löwen.«

Als die Zeit der Trauer vorbei ist, kehrt David aus dem Philisterland ins judäische Bergland zurück. Mit seinen Frauen und seinen Soldaten wohnt er in Hebron, nicht weit weg von Bethlehem. David hat ein großes Haus gekauft. In seinem Zimmer hängen an der Wand seine Steinschleuder und seine Leier.

Heute ist in Hebron Feiertag. Die Häuser sind mit weißer Farbe frisch gestrichen. Männer und Frauen, Knaben und Mädchen tragen ihre Festtagskleider. Auf einer Anhöhe außerhalb von Hebron steht das Heiligtum: ein großer Opferaltar aus behauenen Steinen. Vor dem Altar stehen Tische und Bänke aus Holz. Die Menschenmenge drängt sich um den Altar. Aus vielen Städten und Dörfern Judas sind sie nach Hebron gekommen: aus Maon, aus Karmel, aus Hores und aus Bethlehem.

Von der Stadt her kommt ein Zug Menschen. Zuvorderst gehen die Musikanten. Zwei Männer blasen auf Flöten. Zwei schlagen mit den Fingern und mit den Handflächen auf kleine Trommeln. Hell klingen die Töne von vier Zimbeln. Schellen und Rasseln verstärken die Gruppe. Die Musikanten hüpfen und springen, tanzen und trippeln im Takt ihrer Musik auf der staubigen Straße. Hinter ihnen tanzen, springen und hüpfen die Priester von Hebron. Sie tragen lange weiße Röcke. Sie gehen barfuß, und auf dem Kopf haben sie hohe spitze weiße Mützen. Hinter den Priestern trotten die Opfertiere: ein Stier, vier Kühe und zwei Dutzend Schafe.

Dann kommen die Bürgermeister und die Ratsherren der judäischen Städte und Dörfer. Sie sind schon alt und können nicht mehr tanzen und hüpfen. Würdig schreiten sie hinter den Musikanten, den Priestern und

den Opfertieren her. Und mitten unter ihnen: David! Auch er in einem weißen Rock wie die Priester. Und wie sie tanzt und hüpft und springt auch David.
Sie kommen zum Heiligtum. Die Leute jubeln David zu. Der Bürgermeister von Hebron steigt ein paar Stufen zum Altar hinauf, so daß ihn alle sehen können.
»Männer von Juda«, ruft er. »König Saul ist tot. Prinz Jonathan ist gefallen. Und Samuel, der Gottesmann, ist gestorben. Die Philister haben große Teile unseres Landes besetzt. Sie werden uns alles wegnehmen, wenn wir uns nicht wehren. Aber wer kann unser Volk führen? Wer ist der Tapferste, der Mutigste von uns? Vor ein paar Tagen sind alle Bürgermeister und alle Ratsherren aller Dörfer und Städte von Juda zusammen gekommen. Und alle sind der Meinung, daß der Mutigste und der Tapferste von uns David ist. Darum haben wir David gefragt: Willst du unser König sein? Und David hat gesagt: Ja, ich will euer König sein. Darum soll David heute über den Stamm Juda zum König gesalbt werden!«
Die Leute jubeln. Der Bürgermeister von Hebron steigt vom Altar. Einer der Priester geht auf David zu. In der Hand hält er ein Widderhorn. Das Horn ist mit Wachs verschlossen. Der Priester löst das Wachs. Er hält das Horn über Davids Kopf. Öl tropft auf sein rotblondes Haar. Ein scharfer Geruch verbreitet sich. Es duftet nach dem Harz der Zedernbäume.
David steht ganz still da.
Das Öl läuft ihm über das Gesicht.
Da denkt David zurück an seine Jugendzeit. Er ist wieder ein Hirte, der die Schafe hütet. Er sieht, wie Joab angerannt kommt und ruft: »Schnell David! Der Samuel ist beim Vater und bei deinen Brüdern. Auf der Opferhöhe! Du sollst auch kommen!« David sieht Samuel vor sich. Mit den buschigen Augenbrauen und dem gewaltigen Bart. Wie ihn der Priester jetzt salbt, so hat ihn Samuel vor vielen Jahren gesalbt.
»Mein Bruder Abinadab hat doch recht gehabt«, denkt David. »Samuel hat mich schon damals zum König gesalbt!«
»Ich salbe dich zum König über Juda!« sagt der Priester.
Die Musikanten spielen. Das Volk tanzt. Die Priester schlachten die Tiere. Sie verbrennen das Fett auf dem Altar. Das Fleisch wird in großen Töpfen gekocht. Die Menschen setzen sich an die Holztische. Sie lachen. Sie rufen einander zu. Sie essen das Opferfleisch und trinken Wein.
Zwei Tage nach dem Fest kommt ein Bote aus Mahanaim, der Stadt, in die Abner und Isjo geflüchtet sind. Der Bote geht zum Bürgermeister von Hebron und meldet: »Der Hauptmann Abner hat den Isjo zum König über Israel gesalbt!«

Da lacht der Bürgermeister von Hebron und sagt zum Boten: »Sag dem Abner und dem Isjo, daß wir keinen König mehr brauchen. Wir haben bereits einen. Vorgestern hat der Priester von Hebron David zum König über Juda gesalbt!«

*

Einige Zeit später rüstet Isjo zum Krieg. Er schickt Abner und seine Soldaten nach Juda. Aber David ist listiger als Abner, und seine Soldaten sind mutiger als die Soldaten Isjos. Sie besiegen das Heer Isjos.
Die Israeliten sind nicht zufrieden mit ihrem König, und eines Tages kommt ein Bote zu David nach Hebron.
»Ich habe eine Nachricht von Hauptmann Abner«, sagt der Bote.
»Wie lautet deine Botschaft?« will David wissen.
Der Bote schaut auf die Männer, die neben David stehen. »Die Botschaft ist nur für den König David bestimmt«, sagt er.
»Das hier ist Joab«, sagt David. »Er ist der Sohn meiner Schwester. Und der dort ist Husai, mein Ratgeber. Beide sind mit mir in der Wüste gewesen. Beide sind mit mir bei den Philistern gewesen. Und jetzt sind sie hier bei mir im Zimmer. Wenn du nicht vor ihnen reden willst, dann kannst du wieder gehen!«
»Es ist nur... ich weiß nicht... Abner hat gesagt...«
»Red' endlich!« befiehlt David.
»Der Hauptmann Abner«, sagt der Bote, »will nicht mehr beim König Isjo bleiben. Er hat mit ein paar Ratsherren von Israel gesprochen. Auch sie möchten lieber dich zum König haben. Darum läßt dir Abner sagen: Schließe einen Vertrag mit mir! Mach mich zum Hauptmann über deine Soldaten! Dann werde ich dir helfen, daß du König über ganz Israel wirst.«
David geht im Zimmer auf und ab. Er denkt nach. Dann sagt er zum Boten: »Gut! Ich schließe den Vertrag mit Abner. Aber etwas will ich noch von ihm. Sag Abner, daß er nur zu mir kommen darf, wenn er mir meine Frau, die Michal, zurückbringt!«
Ein paar Wochen später kommt Abner mit zwanzig Männern nach Hebron. Sie reiten auf Eseln über die staubige, steinige Bergstraße. Auf einem der Esel sitzt, begleitet von ihren Dienerinnen, Michal.
Auf dem Platz vor dem Stadttor von Hebron steht David. Kaum kann er es erwarten, nach den vielen Jahren der Trennung seine Michal wiederzusehen.
Jetzt hält die Karawane an. Abner und Michal steigen von ihren Eseln. Sie kommen auf David zu. Abners Haar ist grau geworden. Aber noch immer

ist seine Gestalt kräftig und ungebeugt. Und noch immer leuchtet die rote Narbe auf seiner Stirn.
Auch Michal ist gealtert. Sorge und Trauer haben ihr Gesicht hart und ihre Lippen schmal gemacht.
Jetzt stehen die beiden vor David und werfen sich vor ihm auf den Boden. David hebt Michal zu sich empor. Er umarmt sie. Michal weint.
David hat ein großes Essen vorbereitet. Bald sitzen alle in Davids Haus, essen und trinken und sind fröhlich. Dann schließen Abner und David den Vertrag miteinander.
Als aber Abner am andern Morgen nach Israel heimkehrt, wird er auf dem Weg ermordet. Und wenig später wird auch König Isjo in Mehanaim von zwei seiner Soldaten erschlagen.
Da kommen die Ratsherren von Israel zu David nach Hebron und sagen zu ihm: »Wir gehören ja zusammen. Juda und Israel sind ein Volk. Und Gott hat dir verheißen, daß du König sein sollst über das ganze Land. Darum: sei jetzt auch unser König!«
David ist einverstanden. Da salbt ihn der Priester zum König über Israel. Jetzt kann David nicht mehr in Hebron bleiben.
»Ich brauche eine Hauptstadt«, sagt er zu Joab. »Eine Hauptstadt, die zwischen Juda und Israel liegt. Eine Stadt mit einer Stadtmauer. Eine Stadt auf einem Berg, damit sie niemand einnehmen kann. Gibt es eine solche Stadt, Joab?«
»Natürlich«, sagt Joab. »Jerusalem!«
David lacht. »Jerusalem gehört nicht uns. Jerusalem gehört den Jebusitern. Jerusalem liegt auf einem Berg und hat eine Stadtmauer. Die Jebusiter sagen: Lahme und Blinde können Jerusalem verteidigen, so stark ist die Stadt befestigt!« David geht im Zimmer auf und ab. Er geht an die Wand, wo die Steinschleuder hängt. Er nimmt die Steinschleuder und läßt sie durch die Luft sausen.
»Wir erobern Jerusalem«, sagt David. »Machst du mit, Joab?«
Joab klatscht in die Hände.

*

»Jerusalem ist gefallen!«
»David hat die Stadt auf dem Berg erobert!«
»Jerusalem ist die Hauptstadt von Israel!«
Durch das ganze Land eilen Boten und verkünden die Nachricht in allen Städten und Dörfern.
David läßt die Burg, die in der Stadt steht, zu einem Palast ausbauen. Die Burg steht auf einem Hügel. Der Hügel heißt Zion.

David holt die heilige Lade in die Hauptstadt und läßt sie neben dem Palast in einem Zelt unterbringen.
Dann läßt David den Joab und den Husai zu sich kommen.
»Du bist tapfer gewesen bei der Eroberung von Jerusalem«, sagt David zu Joab. »Darum bist du ab heute der Hauptmann über alle meine Soldaten!«
Und zu Husai sagt David: »Weißt du, Husai, ob noch irgend jemand aus Sauls Familie am Leben ist?«
Husai denkt nach. Dann pfeift er durch die Zähne: »Ja, mein Herr und König,« sagt er. »Mephiboseth, der Sohn Jonathans ist noch am Leben. Er hat verkrüppelte Füße und kann kaum mehr gehen. Eine Magd hat ihn als Kind bei der Flucht vor den Philistern fallen gelassen!«
»Dann hol den Mephiboseth zu mir nach Jerusalem«, sagt David. »So lange er lebt, soll er an meinem Tisch essen. Und er soll mir wie einer meiner eigenen Söhne sein!«
So kommt Mephiboseth ein paar Monate später zu David nach Jerusalem.

Davids Mord

2. Samuel 11

Vorbemerkung

David verbringt die heißen Nachmittagsstunden in einem Raum, der auf dem flachen *Dach* seines Palastes errichtet und dem kühlen Wind zugänglich ist. Von dort kann er in die Gärten der am Abhang des Zion gebauten Häuser blicken, die wohl zum größten Teil von seinen hohen Beamten und Militärs – soweit sie nicht im Palast leben – bewohnt sind. *Uria*, mit dessen Frau *Bathseba* David die Ehe bricht, war Hethiter. Die *Hethiter* hatten vierhundert Jahre vor David ein großes Reich in Kleinasien und Syrien gegründet.
Der Ehebruch hat Folgen, und David versucht, die eine Sünde mit einer zweiten zu verdecken. Er läßt Uria nach Jerusalem kommen, versucht, ihn betrunken zu machen und schickt ihn zu Bathseba, um dann das Kind ihm unterschieben zu können. Doch Uria beruft sich auf das alte Gesetz, wonach der Soldat keinen Umgang mit Frauen haben darf, wenn er Kriegsdienst leistet. Darum übernachtet er »am Eingang des Palastes«, vielleicht im Freien, vielleicht im Wachlokal. Da gibt es für David nur noch einen Ausweg. Er begeht die dritte Sünde und befiehlt Joab brieflich, Uria zu be-

seitigen. Nichtsahnend überbringt Uria seinem Vorgesetzten das eigene Todesurteil.
Es geht in dieser Geschichte um Schuld und Vergebung. Zuerst um Davids Schuld. Daß davon in der Bibel steht, ist nicht selbstverständlich. David galt zu allen Zeiten als der beste König Israels. Die Chronikbücher verschweigen Davids Ehebruch. Aber das Samuelbuch wagt es, auch vom besten König die Wahrheit zu sagen, daß er Mörder und ein Ehebrecher ist. Auf beidem steht die Todesstrafe (5. Mose 22). An Davids Schuld werden andere mitschuldig: Bathseba und Joab. Unschuldige werden mithineingezogen: Uria, das Kind und viele andere, von denen die Bibel nichts berichtet. Unwillkürlich kommt dem Bibelleser das Wort in den Sinn: »... der die Schuld der Väter heimsucht bis ins dritte und vierte Geschlecht an den Kindern derer, die mich hassen.« (2. Mose 20,5) Die Frage nach dem Warum dieses Fluchs einer bösen Tat kann ebensowenig beantwortet werden wie diejenige nach dem Geheimnis der Vergebung. David bereut, ihm wird vergeben, und damit ist er zugleich ein Gerichteter und Geretteter.

Erzählung

David steht auf dem flachen Dach seines Palastes.
Es ist Abend. Die Sonne steht schon tief. Trotzdem ist es immer noch heiß in den Gassen Jerusalems.
Aber über dem Hügel Zion, wo Davids Palast steht, weht der kühle Abendwind.
David schaut nach Osten. Hinter dem Ölberg liegt die Wüste; hinter der Wüste Jericho; hinter Jericho der Jordanfluß. Und jenseits des Jordanflusses liegt das Land der Ammoniter.
Die Ammoniter haben David keine Steuern mehr bezahlen wollen.
»Wir müssen die Hauptstadt der Ammoniter belagern«, hatte David zu Joab gesagt.
»Das mach ich schon allein, mein Herr und König!« hatte Joab geantwortet. »Der König kann ruhig zu Hause bleiben!«
»Ob sich die Hauptstadt der Ammoniter wohl schon ergeben hat?« denkt David.
David schaut nach Süden. Dort, weit unten – am Toten Meer – wohnen die Moabiter und die Edomiter. Und im fernen Norden liegt die Stadt Damaskus. Alle diese Länder und Städte sind David untertan.
David dreht sich um und geht auf die andere Seite der Brüstung. Er schaut in die untergehende Sonne und denkt: »Da liegen Israel und Juda. Von

Dan bis Beerseba und bis ans Meer: mein Land, mein Volk! Aber am liebsten von allen Städten und Dörfern ist mir Jerusalem!«
An den Abhang des Hügels Zion schmiegen sich die Steinhäuser. Ihre Gärten sind mit Mauern umgeben. In diesen Häusern, nahe beim Palast, wohnen Davids Beamte und Offiziere mit ihren Familien.
Mägde mit Wasserkrügen auf dem Kopf kommen von der Quelle den Berg hinauf und verschwinden in den Häusern. Bauern, die in der Stadt Gemüse und Früchte verkauft haben, reiten auf ihren Eseln zum Stadttor hinaus.
Davids Herz ist leicht.
»Mein Gott«, betet er, »wie viel hast du mir gegeben! Vor ein paar Jahren habe ich noch Schafe bei Bethlehem gehütet. Und jetzt bin ich der mächtigste König weit und breit!«
In diesem Augenblick sieht David die Frau.
Sie badet in einer Holzwanne in einem der Gärten unterhalb seines Palastes.
Die Frau ist noch jung. Sie hat ein schmales Gesicht, und ihre Haut ist weiß und zart.
Jetzt klatscht sie in die Hände. Eine alte Dienerin humpelt aus dem Haus. Sie löst das zu einem Knoten geschlungene schwarzglänzende Haar ihrer Herrin und kämmt es mit einer Bürste.
Die junge Frau lacht und planscht mit den Beinen im Wasser.
David lehnt sich über die Brüstung und starrt auf die Frau hinunter. Es kommt ihm vor, als hätte er noch nie eine so schöne Frau gesehen.
»Die muß ich haben«, denkt David. »Ich will sie auf der Stelle zu meiner Frau nehmen!«
»Wache!« ruft David laut.
Ein Wachsoldat eilt zu David.
»Schau da hinunter!« befiehlt David. »Nein, nicht auf meine Schuhe, du Dummkopf! Dort in den Hof! Kennst du die Frau, die badet?«
»Ja«, sagt der Soldat. »Es ist das Haus des Offiziers Uria. Und die Frau, die badet, heißt Bathseba. Sie ist die Frau des Uria.«
David beißt sich auf die Lippen. Er geht auf dem Dach hin und her.
»Jetzt kann ich sie nicht haben«, denkt er. »Sie gehört einem andern. Sie ist mit Uria verheiratet. Ich darf sie ihm nicht wegnehmen. So befiehlt es das Gesetz Gottes. Und diesem Gesetz hat auch der König zu gehorchen.«
David stampft auf den Boden.
Wieder lehnt er über die Brüstung.
Die Frau steigt aus dem Bad. Die Dienerin legt ihr ein blaues Tuch um den Körper.

Da hört David in sich eine Stimme. Die Stimme sagt: »Gehört nicht alles dir, David? Soweit das Auge reicht: alle Länder sind dir untertan. Und alle Menschen müssen dir gehorchen! Bist du denn nicht der König? Darfst du nicht tun, was du willst? Wer könnte dich daran hindern?«
Bathseba geht auf das Haus zu. Hinter ihr humpelt die alte Dienerin. Die beiden verschwinden im Haus.
»Wo ist der Offizier Uria?« fragt David den Wachsoldaten.
»Der Uria, mein Herr und König, ist mit dem Joab ins Ammoniterland gegangen. Er belagert dort die Hauptstadt.«
David lächelt.
»Gut«, sagt er. »Dann geh' sogleich ins Haus des Uria und befiehl der Bathseba: Komm sofort in den Palast des Königs! Und dann: Bring sie her! Aber nicht so, daß es jeder sieht!«
Als die Sonne untergegangen ist, kommt der Wachsoldat mit der Bathseba durch einen Seiteneingang in den Palast. Der König empfängt sie in seinem Zimmer. Der Tisch ist für das Nachtessen gedeckt. Auf Silberschüsseln sind gebratenes Fleisch, frisches Brot und Gemüse angerichtet. Fackeln und Öllampen erhellen den Raum. Aus bronzenen Behältern verbreitet sich wohlriechender Rauch. Musikanten spielen. Der König und Bathseba trinken Wein aus goldenen Bechern.
Bathseba kehrt erst am anderen Morgen nach Hause zurück.
Ein paar Wochen später läßt sie David melden: »Mein Herr und König, ich erwarte ein Kind. Und der Vater bist du, mein Herr und König.«
Noch am gleichen Tag schickt David einen Boten ins Lager zu Joab: »Der Offizier Uria soll sofort nach Jerusalem kommen und sich beim König melden!«

*

Rabba, die Hauptstadt der Ammoniter, hat sich noch nicht ergeben. Die Stadttore sind geschlossen. Kein Mensch kann hinein. Keiner kommt heraus. Auf den Stadtmauern beobachten Soldaten das Lager der Israeliten. Diese haben ihre Zelte in einem großen Kreis um die Stadt herum aufgestellt.
Schon viermal hat Joab versucht, die Mauern zu stürmen. Aber die Ammoniter haben die Angriffe abgewehrt. Mit Steinen und brennenden Fackeln hatten sie die Israeliten, die die Stadttore aufbrechen und die Mauern erklettern wollen, bombardiert. Es hatte Verletzte gegeben, und Joab hatte die Soldaten wieder zurückziehen müssen.
»Wir müssen warten«, sagt Joab zu seinen Offizieren und Soldaten, »bis sie in der Stadt nichts mehr zu essen und zu trinken haben, und bis ihnen

das Holz ausgegangen ist. Dann können sie keine Fackeln mehr auf uns werfen, und zum Schleudern der Steine sind sie dann zu schwach.«
Als Uria von Jerusalem zurückkommt, hat sich noch nichts an der Lage geändert. Trotzdem es spät am Abend ist, geht Uria sofort ins Zelt zu Joab und meldet sich zurück.
»So, war es schön zu Hause?« fragt Joab. »Sich von der Frau verwöhnen lassen, baden können und in einem weichen Bett schlafen!«
»Da kennst du mich aber schlecht, Joab«, antwortet Uria. »Meinst du, ich schlafe in einem Bett und esse an einem gedeckten Tisch, während meine Kameraden hier draußen auf dem Boden liegen und Wache stehen müssen! Zwar hat der König immer wieder zu mir gesagt: Geh' doch nach Hause zu deiner Frau! Gönn' dir ein paar Tage Urlaub! Aber ich hab' nicht gewollt. Ich habe mit den Knechten Davids im Hof des Palastes unter freiem Himmel geschlafen.«
»Du bist ein vorbildlicher Offizier, Uria«, sagt Joab. »Ich werde dich nach dem Krieg zur Beförderung vorschlagen. Aber sag mir: Warum hat dich David nach Jerusalem kommen lassen?«
Uria zieht eine versiegelte Schriftrolle aus seiner Tasche: »Ich denke, wegen dem da! Es ist ein Befehl für dich. Streng geheim. Vielleicht ist es eine so wichtige Nachricht, daß der König sie keinem der gewöhnlichen Boten hat anvertrauen wollen.«
Joab bricht das Siegel des Briefes, entrollt das Pergament und geht zur Öllampe. Ganz still ist es im Zelt. Nur das Licht flackert, und die Schatten der Männer bewegen sich an der Zeltwand.
»An Joab«, liest Hauptmann Joab für sich. »Von König David. Befehl! Greif morgen Rabba an! Stell den Offizier Uria in die vorderste Angriffsreihe! Dorthin, wo es am gefährlichsten ist! Und dann: laß ihn im Stich! Damit er im Angriff umkommt!«
Joab liest den Brief noch einmal.
Er schüttelt den Kopf.
»Ist es etwas Besonderes?« fragt Uria.
»Nein«, antwortet Joab hastig und rollt den Brief zusammen. »Nichts Besonderes. Nur...wir müssen morgen Rabba noch einmal angreifen. Mit allen Soldaten. Der König will, daß wir die Stadt einnehmen. Und du, Uria, übernimmst die Vorhut!«

*

Zwei Tage später reitet ein Bote auf einem Maultier nach Jerusalem. Schweißüberströmt, müde und außer Atem fällt er vor David nieder.
»Mein Herr und König«, sagt er, »Joab hat gestern Rabba angegriffen.

Ein paar unserer Soldaten sind von den Steinen der Ammoniter getötet worden und...«
David springt auf. »Warum seid ihr denn so nahe an die Stadt gegangen?« schreit er zornig. »Habt ihr denn nicht gewußt, daß die Ammoniter sich wehren werden?«
»Es ist nicht anders gegangen, mein Herr und König«, sagt der Bote. »Auf der ganzen Stadtmauer waren Soldaten. Wir haben sie überlisten und uns unbemerkt anschleichen wollen. Aber dann haben sie uns eben doch gesehen. Ein Teil hat sich vor dem Steinhagel retten können. Aber die Vordersten, die Tapfersten sind gefallen. Der Offizier Uria ist auch unter ihnen.«
Da ist es David, als ob ihm eine Zentnerlast vom Herzen genommen würde.
»Der Uria ist tot!« denkt er. »Jetzt gehört die Bathseba mir!«
Und laut sagt er: »Es ist schade um den Uria und die andern Soldaten. Aber so geht es eben zu im Krieg. Geh' zurück zu Joab, Bote, und sag ihm, er solle weiterkämpfen und Rabba so schnell wie möglich einnehmen!«
Als Bathseba hört, daß Uria gefallen ist, weint sie. Sie zieht Trauerkleider an. Aber als die Trauerzeit vorbei ist, geht sie in den Palast des Königs und wird Davids Frau.
Einige Zeit später bekommt Bathseba ein Kind. Es ist ein Knabe. David und Bathseba freuen sich. Ein Fest wird gefeiert. Im Palast und in Jerusalem tanzen und essen und trinken die Menschen.
König David ist glücklich.
An Uria denkt niemand.
Ein paar Tage später geht ein magerer Mann mit einem langen weißen Bart über den Hof des Palastes. Ohne ein Wort geht er an der Wache vorbei. Seine Schritte hallen. Er steigt die Treppe hinauf. Diener und Soldaten grüßen ihn.
»Der Prophet Nathan geht zu David!« flüstern sie sich zu.
Der Mann geht im ersten Stock des Palastes den Gang entlang. Am Ende des Gangs ist das Regierungszimmer des Königs David. Vor dem Vorhang, der an der Türöffnung hängt, stehen zwei Soldaten. Der Prophet Nathan kümmert sich nicht um sie. Er geht ins Zimmer, wo David am Tisch sitzt.
Der König steht auf.
»Willkommen Nathan!« sagt David. »Was führt dich zu mir?«
»Ich muß dir eine Geschichte erzählen«, sagt Nathan.
Die beiden Männer stehen einander gegenüber.
Nathan schaut den König mit seinen grauen Augen durchdringend an.
»Es ist die Geschichte von zwei Männern«, sagt Nathan. »Sie haben beide

in der gleichen Stadt ihre Häuser. Aber einer ist reich. Und der andere arm. Der Reiche hat viele Schafe und Rinder. Und der Arme hat nichts als nur ein einziges Schaf. Aber an diesem Schaf hängt sein ganzes Herz. Er hat das Schaf wie ein Kind aufgezogen. Wenn er ißt, gibt er ihm von seinem Brot, wenn er trinkt, von seinem Wasser. Und wenn er schlafen geht, nimmt er das Schaf in seine Arme. Da bekommt der reiche Mann eines Tages Besuch. Weil es ihm leid tut, eines von seinen eigenen Schafen zu schlachten, um es seinem Gast vorzusetzen, geht er zum armen Mann, nimmt ihm sein einziges Schaf weg und tötet es.«
Einen Moment ist es still im Zimmer.
Dann fährt Davids Faust auf den Tisch.
»Das ist eine Unverschämtheit!« sagt er. »Eine Gottlosigkeit! So etwas darf in einem Land, in dem ich König bin, nicht vorkommen.
Der Reiche soll dem Armen das Schaf vierfach ersetzen. Und außerdem soll er sterben. Sag mir, Nathan, wer dieser Schurke ist, damit ich ihn bestrafen kann!«
Nathan schaut David an, und David muß an Samuel denken, als ihn die grauen Augen fast durchbohrten.
»Dieser Mann«, sagt Nathan, »bist du, David! Und so spricht Gott: Ich habe dich zum König über ganz Israel gesalbt. Ich habe dir alles gegeben, was du hast: Reichtum, Ehre, Land, Besitz. Du hast Frauen, so viel du willst, und du kannst jederzeit ein weiteres Mädchen heiraten. Und da gehst du hin und nimmst dem Uria seine einzige Frau weg und tötest ihn. Für dieses Unrecht wird Gott dich strafen. Du selbst hast das Urteil über dich gesprochen. Du sollst sterben!«
David ist bleich. Seine Hände zittern.
Er hört eine Stimme in sich. Sie sagt: »Gehört denn nicht alles dir, David? Bist du nicht König? Darfst du nicht tun, was du willst? Wirf doch diesen Kerl hinaus!«
David legt seine Arme auf den Tisch und weint.
Minuten vergehen.
»Ich habe gegen Gott gesündigt«, sagt David.
Lange ist es still im Zimmer.
Dann sagt Nathan: »Weil du deine Sünde einsiehst, mußt du nicht sterben. Aber die böse Tat wird dich begleiten durch dein ganzes Leben. Und mit deinen Kindern wirst du wenig Glück haben.«
Der Vorhang bewegt sich.
David ist allein im Zimmer.
Einige Zeit später stirbt Bathsebas Kind.

Absalom und Amnon

Vorbemerkung

Ich will mit dieser Geschichte den Kindern die Liebe Davids zu seinen Söhnen (2. Samuel 13,21; 19,1), die nicht ohne Schuld ist, zeigen und sie auch die Spannung zwischen *Amnon* und *Absalom*, die beide auf Macht aus sind, spüren lassen. Über die Nachkommen Davids gibt es in der Bibel zwei Listen. Nach der ersten (2. Samuel 3,2–5) wurden David in Hebron sechs Söhne geboren. Sieben Jahre später eroberte David Jerusalem. Hier kamen, nach dem zweiten Verzeichnis (2. Samuel 5,13–16), elf weitere Söhne zur Welt, wobei in beiden Listen immer nur der jeweils erstgeborene Sohn jeder Frau genannt ist. David hatte also weit mehr als 17 Söhne, dazu noch Töchter, von denen Thamar, Absaloms Schwester, bekannt ist. Von allen diesen Kindern brauchen wir uns nur die wichtigsten zu merken: *Amnon*, den Erstgeborenen (Mutter: Achinoam aus Jesreel); *Kileab* (Mutter: Abigail aus Karmel, die Witwe Nabals); *Absalom* (Mutter: Mascha, die Tochter des Königs Thalmais von Gesur); *Adonia* (Mutter: Haggith) und – in der Thronfolge der Zehnte! – *Salomo* (Mutter: Bathseba, die Witwe Urias).

Es scheint, daß *Kileab* (in 1. Chr. 3,1 ist der Name des Zweitältesten mit Daniel angegeben) früh gestorben ist, denn er wird später bei den Thronfolgewirren nicht erwähnt. *Adonia*, der Viertälteste und nach dem Tod Absaloms Kronprinz, zettelte – wohl kurz nach dem Tod Davids – einen Aufstand an, um sich den Thron zu sichern. Bevor er aber die Macht an sich reißen konnte, gelang es der Gegenpartei, Salomo zum Nachfolger zu bestimmen. Bald nach Salomos Regierungsantritt ließ er seinen Bruder Adonia umbringen (1. Könige 1–2).

Der Prophet *Nathan*, von dem wir schon vorher gehört haben, war eine der einflußreichsten Personen an Davids Hof. Er erzog Salomo und setzte später in besonders kritischer Situation alles daran, daß der Sohn Bathsebas König wurde. Salomo dankte ihm seine Dienste durch die Berufung seiner Söhne in hohe Ämter (1. Könige 4,5).

Ahitophel war einer der profiliertesten Ratgeber Davids. Er schlug sich jedoch beim Aufstand Absaloms auf dessen Seite und erhängte sich, als er die Niederlage kommen sah (2. Samuel 15,12; 16,15; 17,1.23). *Husai*, den wir bereits kennen, gelang es, durch einen falschen Ratschlag, den er Absalom gab, David im entscheidenden Moment zu helfen.

Erzählung

Auf dem Hügel Zion in Jerusalem steht der Palast des Königs David. Die Morgensonne scheint in den Hof des Palastes. Im Hof sind Balken und Bretter aufgestapelt. Auf einem der Balken steht Prinz Amnon.
»Ich sag's dem Vater!« ruft er.
Prinz Amnon ist zornig. Er hat einen feuerroten Kopf. Er ballt seine kleinen Hände zu Fäusten. Er stampft mit dem Fuß auf den Boden.
»Sag's ihm doch, du Angeber!« antwortet Prinz Absalom.
Prinz Absalom ist ganz ruhig. Er regt sich nicht auf. Er hat große dunkle Augen. Sein langes schwarzes Haar glänzt in der Sonne.
Prinz Absalom sitzt mitten im Hof auf einem Stuhl. Es ist kein richtiger Stuhl. Er hat nur ein einziges Bein. Prinz Absalom hat den Stuhl selbst gebastelt. Auf ein Stück Balken hat er ein Brett genagelt. Balken und Brett hat er von dem großen Holzsstapel im Hof genommen.
»Du darfst das Holz gar nicht nehmen!« schreit Prinz Amnon. Sein feuerroter Kopf wird noch röter. »Der Vater hat es verboten. Das Holz ist für den neuen Palast!«
»Ich bin König«, sagt Prinz Absalom. »Und ein König braucht einen Thron!«
»Das ist doch gar kein Thron!« höhnt Prinz Amnon. »Das ist ein wackliges Lottergestell! Wenn du die Füße vom Boden nimmst, fliegst du auf die Nase. Und außerdem bist du gar nicht König. Ich bin König. Ich bin der Älteste.«
»Der Vater ist König!« ruft Prinzessin Thamar. Sie ist die Schwester von Prinz Absalom und die Halbschwester von Prinz Amnon. Alle haben den gleichen Vater, aber verschiedene Mütter. Prinzessin Thamar ist erst sieben Jahre alt. Sie sitzt auf dem Holzstapel und spielt mit ihrer Puppe.
»Aber später werde ich einmal König«, sagt Absalom.
»Nein ich!« ruft Amnon. »Dann heirate ich Thamar. Der Vater hat gesagt, daß man seine Halbschwester heiraten darf. Und dann wird sie Königin.«
»Ich geb dir meine Schwester Thamar nicht zur Frau«, sagt Absalom. Er schüttelt den Kopf, und sein schwarzes langes Haar fliegt hin und her.
Amnon bebt vor Zorn. Mit erhobenen Fäusten stürzt er sich auf Absalom.
Aus dem Palast kommt ein Mann. Unter dem Arm trägt er einen Helm. In der Hand hat er einen Speer.
»Hauptmann Joab!« ruft Prinzessin Thamar.
»Was will die Prinzessin von mir?« fragt der Hauptmann Joab.
»Amnon und Absalom sind abscheulich. Sie streiten wieder!«

Joab nimmt die beiden Prinzen am Ohr.
»Ihr ewigen Streithähne!« sagt er. »Wie heißt der Spruch, den euer Vater für euch ausgedacht hat? – Wird's bald, Prinz Amnon?«
»W.. w.. wie f... f... fein und lie... lieb... lieblich i... ist es, we... we... wenn Brüder im Frie... Frie... Frieden beieinander wo... wo... wohnen!« (Psalm 133,1) stottert Prinz Amnon mit weinerlicher Stimme.
»Wiederhol es, Prinz Absalom!« befiehlt Hauptmann Joab.
Hell und klar tönt Absaloms Stimme über den Hof: »Wie fein und lieblich ist es, wenn Brüder im Frieden beieinander wohnen!«
Hauptmann Joab läßt die Ohren der beiden Prinzen los. Prinz Absalom lächelt.
Hauptmann Joab mag den Prinzen Absalom. »Er ist schön mit seinen schwarzen Haaren und seinen dunklen, großen Augen«, denkt Hauptmann Joab.
»Wohin gehst du mit dem Helm und dem Speer, Hauptmann Joab?« will Prinzessin Thamar wissen.
»Eine schlimme Sache!« sagt Joab. »Die Ammoniter, unser Nachbarvolk, plagen die Israeliten, die an der Grenze wohnen.«
»Sind das die gleichen, denen einmal der König gestorben ist? Und als unsere Gesandten sie besuchen und das Beileid aussprechen wollten, da haben sie ihnen die Bärte zur Hälfte und die Kleider bis an den Hintern abgeschnitten?« will Prinz Absalom wissen.
»Ja, das sind die Ammoniter!« sagt Hauptmann Joab. »Eine ganz schlimme Bande. Darum hat mir euer Vater, der König David, befohlen: Joab, geh mit den Soldaten und erobere die Hauptstadt der Ammoniter!«
»Wo wohnen denn die Ammoniter?« will Prinzessin Thamar wissen.
»Kommt, ich zeig es euch!«
Joab nimmt Thamar an der Hand. Amnon und Absalom kommen hinterher. Von der Mauerbrüstung aus kann man ins Land hinaussehen.
»Hier unten ist das Kidrontal«, sagt Hauptmann Joab. »Und jenseits des Kidrontals ist der Ölberg. Über den Ölberg müssen die Soldaten und ich marschieren. Dann kommt die Wüste, und der Weg geht steil hinunter zum Jordanfluß. Jenseits des Flusses wohnen die Ammoniter. Denen werden wir es zeigen!«
Prinzessin Thamar streckt den Arm aus. »Gehört alles Land dem Vater?« will sie wissen.
Joab kratzt sich im Haar. »Das Land gehört Gott«, sagt er. »Aber euer Vater ist König.«
»Unser Vater ist nicht nur König«, sagt Prinzessin Thamar. »Er kann auch Harfe spielen.«

»Und Lieder dichten«, sagt Prinz Amnon.
»Aber mit uns spielt er nie«, sagt Prinz Absalom.
Hauptmann Joab kratzt sich wieder im Haar und spuckt auf den Boden.
»Euer Vater muß eben regieren! Er muß ganz Israel regieren. Und er muß alle Länder um Israel herum, die er erobert hat, regieren. Und dann muß er auch noch die Stadt Jerusalem hier unten regieren.«
Hauptmann Joab zeigt auf die Häuser und Gärten, auf die Straßen und Plätze, die unter dem Hügel des Palastes liegen.
»Auch Jerusalem hat David erobert. Das ist schon lange her. Damals warst du, Prinz Amnon, erst drei Jahre alt. Und du, Prinz Absalom, zwei Jahre alt. Und du, Prinzessin Thamar, bist damals eben erst auf die Welt gekommen. – Aber jetzt muß ich gehen. In einer Stunde marschieren wir gegen die Ammoniter.«
Hauptmann Joab verschwindet in der alten Burg, wo die Soldaten wohnen.
»Was machen wir jetzt?« fragt Absalom.
»Wir gehen in den Palast, zum Vater!« schlägt Prinz Amnon vor.
»Der Vater hat es verboten! Er muß regieren! Er hat keine Zeit!« sagt Prinzessin Thamar.
»Wir schauen doch nur zum Vorhang hinein!« sagt Prinz Absalom.
Die drei stürmen durch die Tür in den Palast. Im ersten Stock, am Ende eines dunklen langen Ganges, ist das Zimmer des Königs. Ein Vorhang hängt am Eingang. Ein Soldat lehnt an der Wand.
»Psst!« flüstert Prinz Amnon. »Er schläft!«
Die drei schleichen zum Vorhang, öffnen ihn einen Spalt und schauen in das Zimmer. König David sitzt auf einem großen Stuhl. Der Stuhl hat eine Lehne und ist mit rotem Purpurstoff gepolstert. David schreibt mit einem Stück Kreide etwas auf den Holztisch, der vor ihm steht. Um den König herum stehen drei Männer. Einer hat einen langen weißen Bart. Er streicht mit den Händen immer über den Bart und sagt etwas.
»Das ist der Prophet Nathan!« flüstert Absalom.
»Und der kleine Dicke ist der Husai, und der große Magere mit der Glatze und der spitzen Nase ist der Ahitophel!« sagt Amnon.
»Der Ahitophel ist ein Klappergestell«, sagt Absalom.
Prinz Amnon pustet.
»Psst!« sagt Prinzessin Thamar. »Sonst wacht der Soldat auf!«
Aber Prinz Amnon kann das Lachen nicht mehr zurückhalten. Er trompetet wie ein Elefant.
»Was ist denn hier los?« König David schaut verärgert auf.
»Hol die Ruhestörer herein, Ahitophel!« befiehlt er.

Ahitophel schlägt den Türvorhang zurück. Er schaut die Kinder streng an. Ahitophel lacht nie.
Wie arme Sünder stehen die drei Kinder vor dem König und seinen Ratgebern.
»Was habe ich befohlen, Prinz Absalom?« fragt David finster.
»Das wir dich nicht stören dürfen, Vater!«
»Ihr wißt es, und gehorcht nicht?«
»Wir wollten nur...«
»Ahitophel! Hol die Rute und gib jedem der Prinzen fünf Schläge! Die Prinzessin bekommt als Strafe kein Nachtessen.«
Der Prophet Nathan streicht sich über seinen weißen Bart. Der kleine dicke Husai pfeift durch die Zähne. Und Ahitophel verzieht keine Miene, als er die Rute in der Ecke holt. Er packt Absalom und legt ihn über den Tisch.
Da schaut David ins Gesicht seines Zweitjüngsten. Er sieht die schwarzen, langen Haare und die dunklen, großen Augen.
»Schlag nicht, Ahitophel!« sagt David. Er steht auf, hebt Absalom vom Tisch und umarmt ihn. Dann umarmt er Amnon und zuletzt Thamar. Ahitophel stellt die Rute wieder in die Zimmerecke, der Prophet Nathan streicht sich über seinen weißen Bart und Husai lächelt und pfeift durch die Zähne.
»Du bist zu nachgiebig mit deinen Kindern, David«, sagt Nathan.
»Ich habe sie eben gern«, antwortet David. »Wenn Ahitophel sie geschlagen hätte, dann hätte es mir mehr weh getan als ihnen.«
»Wer seinen Sohn liebt, der züchtigt ihn«, sagt der Prophet Nathan.
»David hat schon recht gehandelt«, sagt Husai und pfeift wieder durch die Zähne. »Aber jetzt verschwindet, Kinder! Euer Vater und wir müssen arbeiten!«
Amnon und Thamar flitzen aus dem Zimmer. Absalom bleibt stehen.
»Was willst du noch Absalom«, fragt David.
»Darf ich einmal auf den Stuhl mit dem roten Purpurstoff sitzen, Vater?«
David lacht. »Meinetwegen. Aber nur für einen Augenblick.«
Absalom sitzt auf dem Thron. Er streicht mit seinen Händen über den roten Purpurstoff.
»Und jetzt raus!« sagt König David. Absalom springt davon.
Als er in den Hof kommt, strömen die Soldaten aus der Burg. Mit Helm und Schild und Speer.
»Was hast du noch gemacht?« fragt Amnon den Absalom.
»Ich bin auf dem Thron gesessen«, antwortet Absalom. »Als zukünftiger König muß ich das üben.«

»Ich werde König!« schreit Amnon.
»Nein ich!« sagt Prinz Absalom.
»Hauptmann Joab!« ruft Thamar. »Jetzt fangen sie schon wieder an zu streiten. Sag ihnen doch, daß unser Vater König ist!«
Hauptmann Joab kommt mit großen Schritten herbei. Er klopft mit dem Speerschaft auf den Boden, schaut die beiden Knaben streng an und sagt mit so lauter Stimme, als ob er vor dem ganzen Heer stehen würde: »David ist König. Und kein anderer. Möge ihm Gott ein langes Leben schenken! Und wenn er stirbt, dann wird sein ältester Sohn König.«
»Hörst du, Absalom«, ruft Amnon, »ich werde König!«
»Wenn du aber stirbst, werde ich König«, sagt Absalom.
»Wer König wird, bestimmt allein Gott!« Hauptmann Joab stülpt seinen Helm über den Kopf und wendet sich seinen Soldaten zu, die schon in Reih und Glied auf dem Hof stehen. Aber dann dreht er sich noch einmal um und schaut den beiden Prinzen in die Augen.
»Es hat keinen Sinn zu streiten«, sagt er. »Ob König oder nicht König: unser Leben liegt in Gottes Hand. Euer Vater hat einmal ein Lied gedichtet, in dem es heißt: Befiehl dem Herrn deine Wege und hoffe auf ihn, er wird's wohl machen. Merkt euch das, Prinz Amnon und Prinz Absalom!«
Joab eilt davon. Die Soldaten marschieren aus dem Palasthof.
Noch lange hört man ihre Schritte auf der Straße, die ins Kidrontal führt.
Aus dem Palast kommt Husai mit schnellen Schritten auf die Kinder zu.
»Kinder!« ruft er. »Ich muß euch etwas sagen. Bathseba, die Frau des Königs, hat dem David eben einen Sohn geboren. Ein kleiner Prinz. Er hat rosige Backen und schreit aus Leibeskräften. Und wißt ihr, wie er heißt, der kleine Prinz?«
Husai lacht und pfeift durch die Zähne.
»Prinz Salomo heißt er!«

Absaloms Rache

2. Samuel 13

Vorbemerkung

Ich meine, daß Amnon Thamar einmal wirklich geliebt hat. Aber in unserem Kapitel ist von Liebe nichts mehr zu spüren. Nur noch Leidenschaft und Triebhaftigkeit bestimmen Amnons Handeln. Noch könnte er Thamar heiraten; aber jetzt, da er sie vergewaltigt hat, haßt Amnon Thamar.

(Ich schließe mich der Auffassung derjenigen unter den Kommentatoren an, die eine Ehe zwischen Halbgeschwistern in der frühen Königszeit als für nicht verboten ansehen. Erst später hat das Gesetz – z.B. 5. Mose 27,22 – solche Heiraten untersagt. Auch Abraham hat seine Halbschwester Sara geheiratet, was nach 1. Mose 20,12 durchaus üblich und erlaubt war.)
Dieser Sünde folgt eine zweite auf den Fuß: David bestraft seinen Sohn Amnon nicht. Er hält sich nicht an das Gesetz, das auch für die Königsfamilie verbindlich hätte sein sollen. David will Amnon »nicht wehtun«, weil er ihn »liebt«. Aber seine Vaterliebe ist in Wirklichkeit Nachgiebigkeit und Feigheit. David wird damit mitschuldig am Haß und am Mordplan, den Absalom von nun an gegen seinen Bruder hegt. Wo kein Richter mehr Recht spricht, macht sich das Faustrecht breit.
Die Ermordung Amnons lasse ich durch einen Boten berichten und – um den Personenkreis nicht zu groß werden zu lassen – die Worte Jonadabs (2. Samuel 13,32) durch Husai und die des Wächters durch Joab sprechen.
Die Örtlichkeit *Baal-Hazor* bei Ephron, wo Absalom Güter besitzt, läßt sich nicht mehr ausmachen. Einige Kommentare nehmen an, daß die *Straße nach Horonaim* (13,34) am Ölberg lag. Ich verlege – auch hinsichtlich der späteren Erzählungen – Absaloms Landsitz vor die Tore Jerusalems.
Gesur, das kleine Königreich *Thalmais*, des Großvaters Absaloms, liegt östlich vom See Genezareth.

Erzählung

Viele Jahre sind vergangen, seit Prinz Amnon und Prinz Absalom miteinander gespielt und gestritten haben, als jeder von ihnen sagte: »Ich bin König!«
Die beiden Prinzen sind jetzt Männer geworden. Aber Prinz Amnon bekommt noch immer einen roten Kopf und stampft auf den Boden, wenn er zornig ist.
Und Prinz Absalom hat noch immer schöne lange schwarze Haare und dunkle Augen.
Auch Prinzessin Thamar ist schön. Sie ist jetzt eine junge Frau.
Prinz Amnon und Prinzessin Thamar wohnen im Palast bei ihrem Vater. Auch Prinz Salomo, der jetzt etwa 14 Jahre alt ist, wohnt dort. Und mit ihm noch viele andere Prinzen.

Prinz Absalom aber wohnt in einem eigenen Haus vor der Stadt Jerusalem. Das Haus liegt inmitten von Feldern und Wiesen. Für Prinz Absalom arbeiten Knechte und Mägde. Die Knechte pflügen die Felder. Sie säen die Gerste. Sie ernten die Gerste. Die Mägde mahlen die Gerste zu Mehl. Sie backen aus dem Mehl Brot. Gerstenbrot.
Für Prinz Absalom arbeiten auch Hirten. Sie hüten die großen Schafherden, die Prinz Absalom gehören.
Wenn Prinz Absalom auf seinem Maultier über seine Felder und Wiesen reitet, weht sein langes schwarzes Haar im Winde.
»Prinz Absalom ist ein schöner Mann«, sagen die Leute. »Und seine Schwester Thamar ist auch schön. Sie wird einmal Königin werden. Prinz Amnon will sie heiraten. Er hat es ihr schon lange versprochen. Bald wird Hochzeit sein.«
So reden die Leute. Und alle freuen sich auf die Hochzeit.
Denn wenn ein Prinz und eine Prinzessin heiraten, gibt es ein großes Fest, und alle Leute im ganzen Land bekommen zu essen und zu trinken soviel sie wollen.
Da, eines Nachts, klopft es dumpf an die Tür des Hauses von Prinz Absalom.
Absalom wacht erschreckt auf. »Wer kommt so spät zu mir?« fragt er sich.
Absalom zündet eine Öllampe an. Er geht an die Tür. »Wer ist draußen?« fragt er.
Keine Antwort. Nur Schluchzen und Weinen hört er.
Absalom öffnet die Tür. Er hebt die Lampe in die Höhe. Das Licht fällt auf ein bleiches Gesicht.
»Du, Thamar?«
Thamars Kleid ist zerrissen. Ihr schwarzes Haar glänzt nicht. Es ist grau und schmutzig. Thamar hat Asche darauf gestreut. Ihre Augen sind rot vom Weinen.
»Was ist passiert, Thamar?« fragt Absalom. »Ist etwa der Vater gestorben, daß du dein Kleid zerrissen und Asche auf den Kopf gestreut hast?«
Thamar schüttelt den Kopf. Sie kommt ins Haus. Sie setzt sich auf einen Stuhl. Absalom legt ein Holzscheit in die Glut des Feuers. Die Flammen züngeln. Große Schatten tanzen an der Wand.
»Prinz Amnon hat mir Gewalt angetan«, sagt Thamar traurig. »Er hat mich besitzen wollen, bevor ich seine Frau bin!«
»Aber er wird dich doch heiraten!« antwortet Absalom.
»Er wird mich nicht heiraten«, sagt Thamar.
»Aber er liebt dich doch!« ruft Absalom.

»Er liebt mich nicht mehr. Er haßt mich jetzt. Mach daß du fortkommst! hat er mich angeschrien.«
Thamar weint. Dann sagt sie: »Jetzt bin ich eine verstoßene Frau. Kein Mann in Israel wird mich mehr heiraten.«
Absalom geht im Zimmer auf und ab.
»Amnon ist ein Schuft!« sagt er. »Ein ganz gemeiner Mensch. Der wird etwas erleben! Bleib bei mir, Thamar! Hier hast du alles, was du brauchst. Morgen gehe ich zum Vater. Er muß Amnon bestrafen.«
Absalom läutet mit der Glocke. Mägde und Knechte mit verschlafenen Gesichtern erscheinen.
»Richtet der Prinzessin Thamar ein Zimmer in meinem Haus!« befiehlt Absalom. »Und bedient sie, wie es sich für eine Prinzessin gebührt!«
Am andern Tag reitet Absalom zum Hügel Zion. Noch immer ist er zornig. Er jagt sein Maultier durch die Gassen von Jerusalem. Erschreckt weichen die Menschen zurück.
Die Wache vor dem Palast grüßt Absalom. Absalom springt vom Maultier und wirft der Wache die Zügel zu. Er geht durch den Hof. Hier haben Amnon und er vor Jahren gespielt. Der Bretterstapel ist längst verschwunden. Ein neuer Palast ist gebaut worden. Aber David regiert noch immer im alten Teil, im gleichen Zimmer.
Absalom eilt die Treppe hinauf und geht durch den dunklen Gang. Vor dem Vorhang steht ein Soldat. Prinz Absalom schiebt ihn zur Seite und geht ins Zimmer. Sein Vater sitzt auf dem Thron mit dem roten Purpurstoff. Um ihn herum stehen die Ratgeber Davids: Ahitophel und Husai und der Prophet Nathan. Absalom verneigt sich vor dem König.
»Vater«, sagt er, »Prinz Amnon hat meiner Schwester, der Prinzessin Thamar, Gewalt angetan. Und dann hat er sie fortgejagt und verstoßen. Du mußt ihn bestrafen!«
Der Prophet Nathan streicht sich über seinen langen weißen Bart und nickt.
»Du mußt ihn bestrafen!« sagt er zum König.
David schaut Husai und Ahitophel an.
»Was meint ihr?« fragt er sie.
Husai pfeift durch die Zähne, und Ahitophel blickt streng.
»Du mußt ihn bestrafen!« sagen sie zum König.
Aber der König schüttelt den Kopf.
»Die arme Thamar«, sagt er. Und noch einmal: »Die arme, arme Thamar! Aber was kann man tun? Ich kann doch den Prinzen Amnon nicht bestrafen! Er ist mein Erstgeborener. Er wird einmal König werden. Und ich hab ihn doch gern! Nein, ich kann Prinz Amnon nicht bestrafen!«

»Aber, Vater...« ruft Prinz Absalom.
David schaut ihn streng an. »Ich habe gesprochen!« sagt er. »Was der König sagt, gilt. Du kannst gehen, Prinz Absalom!«
Prinz Absalom verneigt sich vor seinem Vater. Er verläßt das Zimmer, geht über den Hof, steigt auf sein Maultier und reitet langsam, in Gedanken versunken, den Hügel Zion hinunter.
Wie hatte der Vater gesagt? »Prinz Amnon wird einmal König werden!« hatte er gesagt. Und: »Ich kann ihn nicht bestrafen!«
Wut und Neid steigen in Absalom auf. Er hört eine Stimme in sich. Sie sagt: »Absalom, bestrafe doch den Amnon selber!« Und: »Amnon darf nicht König werden!«
Aber eine andere Stimme in ihm sagt: »Überlaß das Strafen Gott, Absalom!«
Die Tage vergehen. Aber wenn Absalom zu Hause ist, oder wenn er über die Felder reitet, wenn er ißt und wenn er nachts wach in seinem Bett liegt, hört er immer die beiden Stimmen.
»Bestrafe doch den Amnon selber!« sagt die eine. »Denn Amnon darf nicht König werden.«
»Versündige dich nicht«, sagt die andere. »Überlaß das Strafen Gott.«
Aber die erste Stimme wird immer lauter, und die andere immer leiser, und Absalom haßt seinen Bruder Amnon immer mehr. Er redet kein Wort mehr mit ihm. Zwei Jahre lang. Dann ist sein Plan gefaßt. Absalom geht wieder zu seinem Vater. Er tritt durch den Vorhang ins Zimmer. David sitzt auf seinem Thron, und um ihn herum stehen Ahitophel, Husai und der Prophet Nathan.
Prinz Absalom verneigt sich vor dem König.
»Mein König und Vater!« sagt er. »Meine Hirten haben die Schafe geschoren. Schon immer hat man in Israel bei der Schafschur ein Fest gefeiert. Darum lade ich dich, mein König und Vater, und alle Prinzen, meine Brüder, zu diesem Schafschurfest ein. Wir wollen alle miteinander essen und trinken und fröhlich sein!«
Der König David lächelt.
»Du bist ein guter Sohn, Absalom«, sagt er. »Es freut mich, daß du mich zur Schafschur einladen willst. Aber du weißt ja: ich muß immer viel arbeiten. Und wenn man älter wird, mag man nicht mehr so viel essen, trinken, feiern und tanzen.«
»Dann erlaube, daß meine Brüder zum Fest kommen dürfen, Vater«, sagt Absalom.
»Alle?« fragt David.
»Ja, alle!«

»Auch Amnon?«
»Auch Amnon, Vater!«
Nathan streicht sich über den Bart. Husai pfeift durch die Zähne. Nur Ahitophel schaut ernst und nachdenklich auf Absalom.
»Du willst also Frieden mit deinem Bruder machen?« sagt David. »Das freut mich. Weißt du noch, was ich euch als Kinder gelehrt habe?«
»Wie fein und lieblich ist es, wenn Brüder im Frieden beieinander wohnen«, sagt Absalom.
»Gut«, antwortet David. »Ich erlaube dir, alle deine Brüder, alle Prinzen, zum Schafschurfest einzuladen.«
Prinz Absalom verneigt sich vor seinem Vater.
»Er ist ein guter Sohn«, sagt David, als Absalom gegangen ist.
Aber der König David kann nicht in das Herz seines Sohnes schauen.

*

Der Tag des Festes ist gekommen. Alle Prinzen sind bei Absalom. König David ist im Palast in Jerusalem geblieben. Er sitzt auf seinem Thron. Um ihn herum stehen die Ratgeber Ahitophel und Husai und der Prophet Nathan.
»Jetzt leben meine Kinder wieder in Frieden«, sagt David. »Absalom und Amnon haben sich ausgesöhnt. Ich bin froh, denn ich werde alt und möchte die Regierung in die Hände meines Erstgeborenen, Amnon, legen.«
Da stürzt ein Bote ins Zimmer. Er ist staubig. Er atmet schwer. Seine Augen schauen entsetzt.
»Mein Herr und König!« ruft er und fällt vor David nieder. »Es ist etwas Schreckliches passiert. Ich komme vom Haus Absaloms. Sie waren am Essen. Alle deine Söhne. Sie haben gelacht und sich gefreut. Die Tische waren voll von Fleisch und Brot und Wein. Da hat auf einmal der Prinz Absalom zu seinen Dienern gesagt: Tötet Amnon! Da sind alle aufgesprungen, und es ist ein großes Durcheinander gewesen. Tische und Stühle sind umgefallen. Ich bin davon gerannt, habe mich auf ein Maultier gesetzt und bin, ohne anzuhalten, hierher gekommen. Ich glaube, Absalom hat alle Prinzen umgebracht.«
Der König wird bleich. Er zerreißt seine Kleider. Er wirft sich auf den Boden. Er weint.
Der Ratgeber Husai nimmt Davids Hand. »Mein Herr und König«, sagt er, »steh doch auf! Der Bote übertreibt. Er hat es bestimmt nicht genau gesehen. Sicher hat Absalom nicht alle seine Brüder getötet. Nur den Amnon. Den hat er gehaßt wegen seiner Schwester Thamar.«

Aber David steht nicht auf. Er weint still vor sich hin.
»Hat der König nicht selber ein Lied gedichtet«, sagt der Prophet Nathan, »in dem es heißt: Befiehl dem Herrn deine Wege und hoffe auf ihn, er wird's wohl machen? So soll der König jetzt auf Gott hoffen. Alles steht in Gottes Hand.«
Jetzt kommt der Hauptmann Joab ins Zimmer.
»Ich habe Männer gesehen!« ruft er. »Sie kommen durchs Kidrontal. Auf die Stadt zu.«
»Siehst du, König David«, sagt Husai, »deine Söhne kommen. Habe ich es nicht gesagt?«
David steht vom Boden auf.
Im Hof hört man Lärm. Schritte ertönen auf der Treppe. Der Vorhang wird aufgerissen. Davids Söhne stürmen herein. Salomo umarmt den Vater.
»Absalom hat Amnon umgebracht«, sagt er, »aber uns hat er nichts getan.«
»Wo ist Absalom?« fragt David.
»Er ist geflüchtet«, sagt Salomo. »Zu seinem Großvater, dem König von Gesur.«
Zur gleichen Zeit jagt ein Maultier nach Norden. Unter seinen Hufen wirbelt der Staub auf. Der Reiter treibt das Tier mit der Peitsche an. Der Reiter ist Absalom. Seine schwarzen Haare wehen im Wind.
»Amnon wird nicht König!« flüstert eine Stimme in Absalom. »Amnon wird nicht König!«
Aber Absalom freut sich nicht. Absalom hat Böses getan. Er flüchtet: Nach Gesur, einem kleinen Land im Norden von Israel, in der Nähe des Sees Genezareth. Dort ist Absaloms Großvater König. Dorthin flüchtet Absalom vor seinem Vater.

Absaloms Begnadigung

2. Samuel 14

Vorbemerkung

Ich lasse die Szene mit der Frau von Thekoa und dem Gleichnis weg, weil sowohl die Erzählung als auch ihre Deutung für Kinder langatmig und schwierig ist.
Daß David, der das Spiel durchschaut, dem Joab, der alles inszeniert hat, nicht zürnt, sondern bereit ist, dem Absalom die Heimkehr zu gestatten,

spricht für Davids Sinn für Humor, sein diplomatisches Geschick und seine Souveränität. Daß er jedoch Absalom trotz allem noch nicht vergibt, macht deutlich, daß er sich den letzten Entscheid durch nichts abhandeln läßt. Die Frage mag hier auftauchen, warum sich eigentlich Joab für Absalom einsetzt. Absalom ist nach der Ermordung Amnons Kronprinz geworden. Wenn er wieder Gnade vor seinem Vater findet, wird er früher oder später den Thron besteigen. Joab weiß, daß Absalom ihm dann seine Dienste lohnen wird. Außer Joab unterstützen noch andere einflußreiche Männer am Hof Absalom, unter ihnen besonders Ahitophel. Nach Absaloms Tod wird sich Joab dann auf die Seite des nächsten Kronprinzen, Adonia, schlagen.
Absalom hat in der Zwischenzeit – ob noch in Jerusalem oder in Gesur, ist nicht auszumachen – geheiratet. 2. Samuel 14,27 berichtet, daß ihm drei Söhne und eine Tochter »mit Namen Thamar; die ward ein Weib von schöner Gestalt« geboren wurden. Ich lasse in der Erzählung der Einfachheit halber den Absalom Junggesellen bleiben.
Wie schlau Absalom war, zeigt sich einmal mehr in der Szene mit dem *Anzünden von Joabs Gerstenfeldern*. Mit diesem Streich gewinnt er Joabs und seines Vaters Herz wieder. Was für eine gewinnende Persönlichkeit muß dieser Absalom gewesen sein!

Erzählung

Prinz Absalom ist traurig.
Seit drei Jahren ist er bei seinem Großvater, dem König von Gesur.
Prinz Absalom besitzt alles, was er will. Er hat Maultiere zum Reiten, ein schönes Zimmer im Palast, prächtige Kleider, und wenn er Hunger hat, steht ein gutes Essen auf dem Tisch.
Aber Prinz Absalom ist trotzdem traurig.
»Drei Jahre habe ich meinen Vater nicht mehr gesehen«, sagt er zu seinem Großvater. »Drei Jahre habe ich meine Mutter nicht mehr gesehen. Drei Jahre habe ich Jerusalem nicht mehr gesehen. Drei Jahre habe ich meine Brüder und Schwestern nicht mehr gesehen. Ich will nach Hause, Großvater!«
»Dein Vater David hat gesagt, er will dich nicht mehr sehen«, sagt der Großvater.
»Dann schreib doch dem Hauptmann Joab, Großvater! Er soll meinen Vater bitten, daß ich wieder nach Hause darf!«
Der Großvater schreibt einen Brief an Joab. Ein Bote bringt den Brief nach Jerusalem.

Tage vergehen.
Wochen vergehen.
Monate vergehen.
Da reitet eines Tages ein Mann in den Hof der Königsburg von Gesur. Absalom stürmt die Treppe hinunter und umarmt den Mann.
»Joab!« ruft er. »Welche Überraschung, daß du kommst! Hast du mit meinem Vater gesprochen? Was hat er gesagt? Darf ich zurückkommen? Hat er mir vergeben?«
»Nicht so stürmisch, Prinz Absalom!« sagt Hauptmann Joab. »Laß mich dich zuerst einmal ansehen! Gesund bist du! Und schön! Deine schwarzen Haare werden immer länger!«
Hauptmann Joab klopft sich den Staub vom Mantel. Er legt Absalom den Arm um die Schulter. Zusammen setzen sie sich auf den Brunnenrand im Hof des Palastes. Diener bringen Brot, Fleisch, Früchte und Wasser zum Waschen der Hände und der Füße.
Joab ißt.
»Dein Vater hat mich hierher geschickt, Absalom«, sagt er. »Er hat zu mir gesagt: Geh und hol den Jüngling Absalom zurück!«
Nun ist Absalom nicht mehr traurig. Er klatscht in die Hände. Er eilt davon; zu seinem Großvater. »Ich gehe zurück nach Jerusalem!« ruft er. »Joab ist gekommen. Der Vater hat ihn geschickt.«
Absalom packt seine Kleider in Bündel. Er packt auch Geschenke ein. Einen roten Mantel für seinen Vater. Eine goldene Armspange für seine Mutter. Dann nimmt Absalom Abschied von seinem Großvater.
Joab und Absalom reisen mit Maultieren und Dienern nach Jerusalem. Eine ganze Woche sind sie unterwegs. Dann reiten sie durch das Stadttor in die Hauptstadt ein.
Absaloms Herz schlägt voller Erwartung. »Ob wohl Musikanten spielen, um mich zu begrüßen?« denkt er. »Ob wohl Soldaten in Reih und Glied auf der Straße stehen?«
Aber keine Musik spielt. Und keine Soldaten sind da, um Absalom zu empfangen.
Schon stehen die Maultiere vor dem Tor des Palastes still. Soldaten bewachen den Palast.
»Führt mich zum König!« ruft Absalom den Soldaten zu und springt von seinem Maultier. Kaum kann er es erwarten, seinen Vater zu sehen.
Aber da senken die Soldaten ihre Speere.
»Prinz Absalom!« sagt ein Offizier. »Wir haben Befehl vom König David, daß wir dich nicht in den Palast einlassen dürfen. Du kannst überall in ganz Israel hingehen, wohin du willst. Aber den Palast darfst du nicht be-

treten. Dein Vater, der König David, will dich nicht sehen. Er hat noch nicht vergessen, daß du deinen Bruder, den Prinzen Amnon getötet hast. Er kann es dir nicht vergeben.«
Absalom erschrickt. Da steht er vor dem Palast mit seinen Geschenken: mit dem roten Mantel für den Vater und der goldenen Armspange für seine Mutter. Dort oben, hinter einem der Fenster, sitzt König David. Aber er darf ihn nicht sehen. Der Vater hat ihm nicht vergeben.
Absalom schaut in den Hof. Hier hat er vor vielen Jahren mit seinem Bruder Amnon und seiner Schwester Thamar gespielt.
»Ich werde König in Israel!« hatte er damals gesagt. Aber wie sollte er König werden, wenn er nicht einmal seinen Vater sehen darf!
Traurig reitet Absalom vom Palast weg. Vor der Stadt steht sein Haus. Alles ist wie früher. Absalom hat genug zu essen. Absalom hat viel Geld. Absalom besitzt schöne Kleider. Er hat Knechte und Mägde, die ihn bedienen. Und Bauern und Hirten arbeiten auf seinen Feldern und hüten seine Herden.
Aber lieber als alles andere möchte Absalom seinen Vater sehen. Im Kasten hängt ein roter Mantel. Und auf dem Tisch liegt eine goldene Armspange. Aber was nützen diese Geschenke, wenn er sie nicht seinem Vater und seiner Mutter bringen darf?
Manchmal reitet Absalom auf einem seiner schönsten Maultiere in die Stadt. Wenn er durch die Straßen reitet, verneigen sich die Menschen vor ihm. Die einen sagen: »Was ist doch der Prinz Absalom für ein schöner Mann! Und wie seine langen, schwarzen Haare in der Sonne glänzen! Und wie freundlich er immer grüßt! Den muß man einfach gern haben!«
Aber dann flüstern die andern: »Prinz Absalom darf nicht in den Palast gehen! Sein Vater hat ihm immer noch nicht vergeben, daß er den Prinzen Amnon getötet hat!«
Weil der König David ihm nicht vergeben hat, scheuen sich die Leute, mit Absalom zu reden. Darum hat Absalom auch keine Freunde. Niemand besucht ihn. Er ist allein.
»Joab könnte doch mit meinem Vater reden und ihn bitten, daß ich wieder in den Palast darf«, denkt Absalom. »Joab hat mir doch auch schon geholfen!« Aber auch Joab besucht Absalom nicht.
Da schreibt Absalom dem Joab einen Brief. »Komm doch bitte zu mir, Joab!« schreibt er. »Ich muß ganz dringend mit dir reden!
Aber Joab kommt nicht zu Absalom.
Da schickt Absalom einen Diener zu Joab.
Aber der Diener kommt zurück. Er sagt: »Der Hauptmann Joab läßt ausrichten: Ich habe viel zu tun. Ich kann nicht kommen!«

»Er muß zu mir kommen!« ruft Absalom. »Er muß! Und wenn er nicht will, dann muß ich ihn zwingen. Aber wie kann ich ihn zwingen?«
Absalom denkt nach. Er geht beim Nachdenken durchs ganze Haus, treppauf, treppab, durch die Zimmer, durch die Küche. Er schaut zum Fenster hinaus. Er sieht seine Gerstenfelder. Und dort drüben liegen die Felder Joabs. So nahe! Nachbarn sind sie! Aber Joab kommt nie, ihn zu besuchen!
Die Gerstenfelder sind gelb. Die Halme bewegen sich im Wind. Bald ist Erntezeit. Und es würde eine gute Ernte geben dieses Jahr.
»Ich hab's!« ruft Absalom und lacht. »Jetzt weiß ich, wie ich den Joab zwingen kann, zu mir zu kommen!«
»Michael!« ruft er.
Ein Knecht kommt.
Absalom gibt ihm einen Befehl.
»Aber das kann ich doch nicht tun!« sagt der Knecht.
»Ich befehl' dir's!« sagt Absalom. »Und nimm noch ein paar andere mit!«
Jetzt eilen zehn Diener und Knechte Absaloms aus dem Haus. Jeder trägt eine brennende Fackel. Am hellichten Tag!
Die Diener kommen zu den Gerstenfeldern Joabs. Jetzt werfen sie ihre Fackeln in hohem Bogen in die Felder. Die Gerstenhalme fangen an zu brennen. Der Rauch steigt zum Himmel.
»Fürio! Fürio!«
Joab kommt mit seinen Soldaten im Eilschritt angerannt. Mit Stecken und Wasserkübeln versuchen sie, das Feuer zu löschen. Aber der Rauch brennt in den Augen. Sie husten. Sie schimpfen.
»Wer hat das getan?« schreit Joab.
»Absalom!« sagen die Leute. »Seine Knechte haben Fackeln in die Felder geworfen.«
Joab stürmt ins Haus Absaloms.
Absalom lacht schallend.
»Willkommen, Joab!« ruft er dem Hauptmann entgegen. »Du siehst ja aus wie ein Schmied mit deinem rauchgeschwärzten Gesicht!«
»Du Schuft!« schreit Joab. »Weißt du, was dich das kosten wird, das ganze abgebrannte Gerstenfeld? Hundert Goldstücke mußt du mir dafür bezahlen!«
Absalom greift nach einem schweren Beutel. Er wirft ihn Joab zu. »Hier hast du dreihundert Goldstücke!«
»Aber, warum hast du das denn getan?« stammelt Joab.
»Weil ich dich nur so in mein Haus bringen konnte! Ich muß mit dir reden, Joab! Jetzt bin ich schon so lange wieder zu Hause, und mein Vater, der

König, will mich nicht sehen. Aber *ich* will *ihn* sehen. Du bist doch mein bester Freund, Joab! Und mein Vater hört auf dich. Geh nun zum König und sag ihm: entweder soll er mich wieder als seinen Sohn in den Palast lassen oder er soll mich töten. Aber so will ich nicht mehr weiterleben!«
»Du bist nicht nur schön«, sagt Joab zu Absalom, »du bist auch gescheit. Ich will zu deinem Vater gehen und ihn bitten, daß er dich wieder aufnimmt.
Eine Stunde später redet schon die ganze Stadt Jerusalem über Absaloms Streich. In den Schenken, auf den Gassen und in den Häusern erzählen sich die Leute von den brennenden Gerstenfeldern. Sie lachen. »Was wird David jetzt wohl machen?« fragen einige. »Er wird wohl nicht anders können, als Absalom zu vergeben!« sagen andere. »Einmal muß man ja vergessen können!«
Einen Tag später klopft es an die Tür von Absaloms Haus. Ein Soldat Davids steht draußen und sagt: »Befehl vom König! Der Prinz Absalom soll in den Palast kommen!«
Prinz Absalom geht zum Schrank. Er nimmt den roten Mantel heraus. Er geht zum Tisch. Er nimmt die goldene Armspange. Schnell packt er beides in ein Tuch. Im Stall holt er sein schnellstes Maultier.
Absalom reitet durch die Gassen Jerusalems. Ta-ta – ta-ta hallt es von den Hausmauern.
»Der Prinz geht zum Vater!« sagen die Leute und bleiben stehen. »David hat dem Absalom vergeben!«
Absalom reitet zum Palast hinauf. Soldaten stehen am Tor. Aber sie verweigern ihm den Eintritt nicht mehr. Absalom eilt über den Hof. Er geht in den Palast.
Er stürmt die Treppe hinauf. Er reißt den Vorhang zur Seite. Er stürzt ins Zimmer des Königs und fällt vor ihm auf den Boden.
Fünf Jahre lang hat Absalom seinen Vater nicht mehr gesehen. Jetzt hebt er die Augen und schaut dem König ins Gesicht.
»Mein Vater ist alt geworden«, denkt Absalom. »Seine Haare und sein Bart sind weiß.«
Absalom sieht auch die Männer, die um den Vater stehen. Er erkennt sie alle wieder: Ahitophel mit der Glatze und der spitzen Nase, den kleinen Husai und den strengen Propheten Nathan.
David streckt Absalom die Hände entgegen. Prinz Absalom steht auf.
»Hat mir mein Vater vergeben?« fragt er.
Da steht David vom Thron auf. Er umarmt Absalom und küßt ihn.
»Schau, Vater!« sagt Absalom und öffnet sein Bündel. »Ich habe dir ein Geschenk mitgebracht, damals, von Gesur, als ich beim Großvater war.«

Absalom legt seinem Vater den roten Mantel um die Schultern.
»Und dieser goldene Armreif ist für die Mutter!«
David lächelt. »Er ist doch ein guter Sohn, der Absalom«, denkt er. Und laut sagt er: »Geh, bring den Armreif deiner Mutter!«
Absalom geht in den Teil des Palastes, wo die Frauen wohnen. Er umarmt seine Mutter. Er sagt: »Der Vater hat mir vergeben! Ich darf wieder in den Palast kommen, wann immer ich will. Und später einmal werde ich König werden. König über ganz Israel. Bin ich nicht ein glücklicher Mensch?«
Und Absalom lacht und ist fröhlich.

Absaloms Aufstand

2. Samuel 15,1–16

Vorbemerkung

Die Szene im Käsemachertal will die Beliebtheit Absaloms beim Volk veranschaulichen. Zwar ist dieses Tal heute verschüttet, und seinen alten Namen kennen wir nicht. Erst durch den jüdischen Geschichtsschreiber Josephus Flavius (geb. 37/38 n.Chr.) erfahren wir, daß das bei Siloah mündende Tal Tyropöontal (»Tal der Käsemacher«) hieß. Ob es sich dabei, wie einige Ausleger sagen, um einen Irrtum des Josephus oder um eine falsche Übersetzung handelt oder ob andererseits das Nehemia 3,13 erwähnte Tor nicht »Misttor« sondern »Käsetor« hieß und damit auf das Tal der Käsemacher hindeutet, ist nicht zu klären. Jedenfalls gab es in Jerusalem Stadtviertel der Töpfer, Bäcker, Gerber, Barbiere und so weiter (Nehemia 3,8). Es kann also auch ein Käsemachertal gegeben haben.
Beim *Wagen*, den Absalom sich anschaffte, denke ich an einen Streitwagen. Angehörige des Königshauses benutzten Streitwagen auch für persönliche Zwecke.
Daß es in 2. Samuel 15,2 ein Israelite – und kein Judäer – ist, zu dem Absalom sagen kann: »Du hast beim König keinen, der dich anhört«, kommt nicht von ungefähr. Israel hat sich erst später dem Königreich Juda angeschlossen und war sozial wohl immer benachteiligt. Wahrscheinlich schon zu Davids, bestimmt dann aber zu Salomos Zeit, wurden der Bevölkerung Israels maßlose Steuern und unerträgliche Frondienste durch das Königshaus abverlangt. Das war der Grund, daß es zu Aufständen kam. David und Salomo gelang es, sie zu unterdrücken. Aber nach Salomos Tod brach das Nordreich endgültig mit Jerusalem und den Südstaaten. (Siehe dazu auch die Erzählungen »Vom Fronarbeiter zum Oberauf-

seher« und »Die Reichstrennung«!) Absalom wertet also die berechtigte Unzufriedenheit vieler Untertanen zu seinen Gunsten aus. Der vor dem Palast seines Vaters und auf den Straßen mit Trabanten und Streitwagen für sich werbende Absalom entpuppt sich immer mehr als ein gewiegter und mit allen Wassern gewaschener Demagoge.

Erzählung

»Platz für den Prinzen Absalom!«
Durch das Käsemachertal eilen fünfzig Männer. In zwei Reihen. Eine Reihe auf der linken Straßenseite und eine Reihe auf der rechten Straßenseite. Ihre blankgeputzten Helme leuchten in der Sonne.
Das Käsemachertal ist ein kleines Tal. Es liegt in der Stadt Jerusalem, unter dem Berg, auf dem der Palast des Königs David steht. Im Käsemachertal gibt es Käsereien. Dort machen Käser aus Milch Käse. Darum heißt es auch Käsemachertal.
»Platz für den Prinzen Absalom!« rufen die fünfzig Männer. Die Bäuerinnen und Bauern mit ihren Krügen voll Milch und die Mütter mit ihren Kindern flüchten an den Rand der Straße. Die Käser treten aus ihren Käsereien.
»Platz für den Prinzen Absalom!« rufen die Männer.
Da brausen sie schon heran: vier feurige Rappen mit wehenden Mähnen. Ihre Hufe wirbeln den Staub auf. Die silbernen Beschläge am hellen Lederzeug blitzen. Die Pferde ziehen einen Streitwagen. Die Brüstung des Wagens ist mit Metallplatten gepanzert. Auf der Plattform steht Prinz Absalom. Mit der rechten Hand hält er die Zügel, mit der linken die Peitsche.
Das knallt, das rattert, das schnaubt!
Absalom winkt den Leuten zu. Er lacht. Sein langes schwarzes Haar weht im Wind.
Da rollt ein Käselaib über die Straße. Ein Bub hat ihn vor Aufregung fallen gelassen.
»Bleib stehen, Bub!« ruft eine Frau. »Der Wagen...«
Aber der Bub rennt seinem Käslaib nach.
Ein Schrei!
Prinz Absalom reißt die Zügel zurück. Die Pferde bäumen sich auf. Der Wagen hält. Der Bub ist bleich. Er zittert und weint. Prinz Absalom springt vom Wagen. Er streicht dem Knaben über den Kopf.
»Wie heißt du?«
»Mi..., Michael!« stößt der Knabe hervor.
»Gott sei Dank ist dir nichts passiert. Michael!« sagt Absalom.

»Aber der Käse!« schluchzt der Bub und zeigt mit dem Finger auf den Boden.
Absalom lacht: »Ja, der ist plattgedrückt wie ein Kuhfladen! Aber du mußt nicht weinen, Michael. Schau her!« Und Absalom greift in seine Tasche. »Hier hast du ein paar Goldstücke. Damit kannst du dir ein ganzes Jahr lang jeden Tag einen Käse kaufen.«
Michael trocknet seine Tränen. Die Leute klatschen. »Der Prinz Absalom ist ein guter Mann«, sagt eine Frau. »Man muß ihn einfach gern haben.«
Und ein Käser sagt: »Ja, der Prinz Absalom redet mit uns wie mit seinesgleichen. Wenn der einmal König ist, haben wir es gut.«
Absalom schwingt sich wieder auf den Streitwagen und braust davon. Aber noch hat er gehört, was der Käser gesagt hat: »Wenn der einmal König wird, dann haben wir es gut!«
In dieser Nacht kann Prinz Absalom nicht schlafen.
Wieder reden zwei Stimmen in seinem Herzen.
»Du wirst einmal König über ganz Israel!« sagt die eine Stimme.
»Da mußt du noch lange warten!« stichelt die andere Stimme. »Aber du könntest morgen schon König sein, wenn...«
Prinz Absalom wälzt sich auf seinem Bett.
»Tu nichts Unrechtes, Absalom!« sagt die erste Stimme. »Hab Geduld!«
»Ich werde König, wann ich es will!« sagt Absalom in die Dunkelheit hinein. Und dann, nach einer langen Pause: »Und ich will bald König werden. Bald!«
Am andern Morgen setzt sich Absalom neben das Tor vor dem Königspalast.
Da kommt ein Bauer.
»Wohin willst du, Alter?« fragt Prinz Absalom.
»Zum König David will ich«, sagt der Bauer. »Ich habe nämlich Streit mit dem Pelzhändler Issachar, der in der Unterstadt von Jerusalem wohnt.«
»Und warum hast du Streit mit ihm?«
Jetzt fängt der Bauer an zu schreien: »Der Schuft! Der Betrüger! Vor einem Monat hab ich dem Issachar fünf Lammfelle verkauft!«
Der Bauer streckt alle Finger seiner rechten Hand in die Höhe. »Und jetzt sagt der Issachar, die Felle seien schlecht. Er will nur die Hälfte bezahlen. Der Lump! Und weil der König heute Recht spricht, will ich zum König David gehen und den Issachar, den Schurken, verklagen. Aber wer bist denn du?«
»Ich bin der Prinz Absalom!«
Der Bauer wird verlegen. »Das habe ich nicht gewußt!« stammelt er. »Der Prinz Absalom soll mein lautes Reden entschuldigen!«

Und der Bauer will sich vor dem Prinzen verneigen.
»Nicht doch, Alter!« sagt Absalom und gibt dem Bauern die Hand. »Vor mir braucht sich keiner zu verneigen. Ich gehöre zu euch, zum einfachen Bauernvolk. Ich verstehe eure Sorgen. Aber im Palast«, und Absalom zeigt auf das Haus des Königs, »da hört dich keiner an. Da bekommst du kein Recht. Ja, wenn ich König wäre, dann würde ich viel besser und viel gerechter regieren als mein Vater. Dann würde ich dir und allen andern recht geben.«
Der Bauer ist gerührt. Und als er ein paar Tage später wieder in seinem Dorf ist, erzählt er allen: »Der David hat mir natürlich nicht recht gegeben. Aber sein Sohn, der Absalom, das ist ein Mann! Der wehrt sich für die einfachen Leute wie für unsereiner. Wenn der Absalom König wäre, dann ginge es uns viel besser als jetzt.«
So schmeichelt sich Prinz Absalom in die Herzen der Menschen.
Die Zeit vergeht. Und eines Tages geht Absalom wieder in den Palast. Er geht in das Zimmer seines Vaters. Der König sitzt auf seinem Thron, und um ihn herum stehen die Ratgeber Ahitophel und Husai und der Prophet Nathan.
»Mein König und Vater«, sagt Absalom, »erlaube mir doch, daß ich für ein paar Tage nach Hebron gehe. In Hebron bin ich auf die Welt gekommen. Und ich habe Gott versprochen, daß ich ihm dort opfern werde, wenn du, mein Vater, mir vergeben hast. Nun sind schon ein paar Jahre vergangen, und ich habe mein Versprechen nie einlösen können. Gib mir also die Erlaubnis nach Hebron zu gehen!«
»Was man versprochen hat, muß man halten«, sagt David. »Geh also nach Hebron und opfere dort Gott.«
Absalom verbeugt sich vor seinem Vater. Er schaut den Thron mit dem purpurfarbenen Stoff an.
»In ein paar Tagen werde ich auf diesem Thron sitzen!« denkt Absalom. Laut sagt er: »Ich danke dir, Vater!«
Zwei Tage später, mitten in der Nacht, stürzt Hauptmann Joab in den Palast.
»Weckt den König David!« ruft er. »Es ist etwas Schreckliches geschehen!«
Im Palast werden Öllampen angezündet. Fackeln leuchten auf. Türen werden geöffnet. Schritte hallen durch die Gänge.
Aus seinem Schlafzimmer kommt der König. Alt sieht er aus. Sein graues Haar ist ungekämmt. Sein Bart ist zerzaust. Seine Beine sind nackt. Über den Körper hat er den roten Mantel geworfen. Den Mantel, den ihm Absalom geschenkt hat.

»Was ist los?« ruft König David. »Wer macht mitten in der Nacht einen solchen Lärm?«
»Mein Herr und König«, sagt Joab. »Ich komme von Hebron.«
Erschreckt schaut der König auf.
»Ist mein Sohn Absalom verunglückt?«
»Nein«, sagt Joab. »Er ist nicht verunglückt. Aber er hat sich selbst zum König gemacht. Im ganzen Land rufen die Leute: Absalom ist König! In allen Dörfern sammeln sich Männer. Sie sind bewaffnet mit Hirtenschleudern und Keulen, mit Speeren und Schwertern. Sie marschieren auf Jerusalem zu. Sie wollen die Stadt erobern.«
»Du lügst, Joab!« sagt David. »Es ist nicht wahr, was du da sagst. Absalom ist ein guter Sohn. Der tut so etwas nicht.«
»Es ist wahr, ich habe es mit eigenen Augen gesehen«, antwortet Joab.
Der Prophet Nathan und der Ratgeber Husai kommen. Diener mit Fackeln begleiten sie.
»Wo ist Ahitophel?« fragt David.
»Er ist nach Hebron gegangen«, sagt Joab. »Zu Absalom. Er ist auch unter den Verschwörern.«
»Und was machen wir jetzt?« fragt Nathan.
Da ist es, als ob König David wieder jung und stark würde. »Ich befehle«, ruft er, »daß sich in zwei Stunden alle meine Soldaten, die in Jerusalem sind, und alle Menschen, die im Palast wohnen, vor der Stadt sammeln. Jeder darf nur soviel mitnehmen als er selber tragen kann. Wir müssen vor Absalom fliehen. Ich will nicht, daß er die Stadt zerstört und Menschen tötet!«
Wie ein Lauffeuer verbreitet sich die Nachricht im Palast und in der Stadt:
»König David muß fliehen!«
Alle Männer und Frauen, die mit David flüchten wollen, packen ihr Bündel. Nur das Nötigste können sie mitnehmen.
Als der Morgen graut, ist alles bereit zur Flucht.

Davids Flucht

2. Samuel 15, 17 – 16, 14

Vorbemerkung

David flüchtet aus Jerusalem. Aber gerade diese Flucht zeigt einmal mehr seinen politischen und strategischen Weitblick. David verläßt Jerusalem nicht aus Feigheit, sondern weil er in der Verwirrung der Revolution die Stärke des Feindes noch nicht abschätzen kann. Um der Stadt und dem Land das Schicksal einer möglichen Belagerung, einer Zerstörung und eines unnützen Blutvergießens zu ersparen, räumt er den Palast. Er wendet sich nach Osten, dem Jordan zu, wo er die Entwicklung der Dinge aus sicherer Entfernung abwarten kann. Die Verbindung mit der Hauptstadt sichert er sich durch die ihm ergebenen Priester *Zadok* und *Abjathar* sowie ihren Söhnen *Ahimaaz* und *Jonathan*. In der Erzählung lasse ich die Namen der Priester weg. Seinen Berater *Husai* stiftet David an, in Absaloms Dienste zu treten, damit er um so besser Ahitophels Ratschläge zunichte machen kann. Mit all dem hat David schon einen wichtigen Trumpf in der Hand. Er wird von seinem Gegner seiner Flucht wegen unterschätzt. In Wirklichkeit jedoch kann er aus sicherem Hinterhalt den Gegenschlag planen.

Der *Weg*, den David einschlägt, führt über den Ölberg und durch die judäische Wüste ins *Jordantal*. Unterwegs wird von zwei Begegnungen berichtet. In der ersten bringt *Ziba*, der uns bereits bekannte Diener von Jonathans verkrüppeltem Sohn Meriboseth, David Lebensmittel und zwei Esel zum Reiten. Ob Meriboseth jedoch wirklich, wie Ziba behauptet, der Meinung war, Absaloms Revolution gebe ihm als dem erbberechtigten Sauliden den Königthron zurück, ist fraglich. Dennoch schenkt David dem Ziba Glauben. Sein Mißtrauen gegen die Sauliden scheint noch nicht erloschen zu sein. Jedenfalls übermacht er Ziba den Besitz Meriboseths. Da die Zusammenhänge kompliziert sind, lasse ich sie in der Erzählung weg und berichte nur von einem Ziba, der David verproviantiert.

In der zweiten Begegnung flucht ein gewisser *Simei*, ein (entfernter?) Verwandter Sauls, dem David. Simei hatte wohl miterlebt, wie seine Familie die Macht an David verloren und wie David an den Nachkommen Sauls zum Teil rücksichtslos gehandelt hatte. Aus diesem Grund nennt Simei den David einen Blutmenschen. Daß David dem Abisai verbietet, Simei zu bestrafen, zeigt, daß er den Fluch als von Gott verhängt annimmt, wohl ahnend, daß all sein Elend eine Strafe für viele Verfehlungen in seinem Leben sein könnte.

Ich erzähle die beiden Begegnungen in umgekehrter Reihenfolge: die negative zuerst, die positive an zweiter Stelle. Außerdem beschränke ich mich auch hier der Einfachheit halber auf gut bekannte Personen in der Umgebung Davids.

Erzählung

Die mächtigen Holztüren des Stadttors stehen weit offen.

Beim letzten Haus, nahe am Tor, steht König David. Er hat seinen Helm auf dem Kopf, und das Schwert hängt an seiner Seite. Über dem Soldatenkleid trägt er einen roten Mantel: der Mantel, den ihm Absalom geschenkt hat.

Vom Palast her kommen Menschen.

David will sehen, wer alles mit ihm aus der Stadt flüchtet.

Zuerst kommen die Priester Zadok und Abjathar. Sie tragen die Bundeslade. Dann kommen die Soldaten. Ihre Sandalen klopfen im Gleichschritt auf das Pflaster. Zuvorderst marschiert Hauptmann Joab.

»Zweitausendzweihundert Mann sind es, die zu dir halten, König David!« ruft Joab.

Und jetzt kommen alle, die im Palast gelebt und gearbeitet haben: zuvorderst der kleine Husai und der Prophet Nathan. Dann Davids Frauen. Dann seine Söhne und Töchter.

Dort geht der Prinz Salomo mit seiner Mutter Bathseba. Auch er hat – wie alle – ein Bündel in der Hand.

Jetzt kommt der Hofschreiber, und hinter und neben ihm gehen seine Gehilfen. Sie tragen Pergamentrollen unter ihren Armen.

Dort watschelt der dicke Koch. Auf die Esel, die hinter ihm herzotteln, hat er große Töpfe und Krüge gepackt.

Dann kommt der Aufseher über die Vorräte am königlichen Hof. Er führt eine lange Reihe von Dienern an. Sie tragen auf ihrem Rücken Säcke, Krüge und Schläuche – gefüllt mit Korn, Öl, Zwiebeln, Linsen, Gewürzen und Wasser. Sie keuchen unter ihren schweren Lasten.

Nach den übrigen Hofbeamten, Dienern und Mägden kommen viele Einwohner von Jerusalem, Männer, Frauen und Kinder, die mit David Jerusalem verlassen wollen.

Da drängt sich von außerhalb der Stadt ein Bote durch das Stadttor. Mit den Ellbogen bahnt er sich einen Weg durch die Menge. Er eilt auf David zu.

»Prinz Absalom kommt!« ruft er. »Er marschiert auf Jerusalem zu! Mit Tausenden von Soldaten. Sie schreien mit erhobener Faust: Ab-sa-lom ist Kö-nig! Ab-sa-lom ist Kö-nig!«

David schließt sich den Menschen, die die Stadt verlassen, an. Er treibt zur Eile: »Vorwärts! Absalom ist im Anzug!«

Der lange Zug der Menschen bewegt sich ins Kidrontal hinunter. Der Kidronbach hat nicht viel Wasser. Nur die Füße werden naß.

Dort, wo der Weg zum Ölberg hinaufgeht, haben die Priester Zadok und Abjathar die Bundeslade abgestellt, damit alles Volk an ihr vorüber muß.
»Die Bundeslade bleibt in der Stadt!« sagt David zu den Priestern. »Und ihr beide auch! Kehrt um und paßt genau auf, was Absalom sagt und tut, wenn er in Jerusalem ist. Und meldet es mir! Ich muß immer genau wissen, was der Absalom vorhat!«
Die Priester kehren um.
David geht weiter.
Jetzt geht es bergauf. Am Berghang stehen Ölbäume. Steil ist der Weg. Keiner redet ein Wort. Nur das Atmen und Keuchen der Lastträger hört man.
Jetzt ist der Gipfel des Ölbergs erreicht. David bleibt stehen. Er schaut hinunter auf die Stadt Jerusalem. Dort liegt sie im Licht der Morgensonne. David sieht den Palast. Hinter jenem Fenster liegt das Zimmer mit dem Vorhang, von wo aus er so lange regiert hat. Und jetzt muß er flüchten. Vor seinem eigenen Sohn. David fährt mit der Hand über seine Augen. Er weint.
Jemand greift nach seiner Hand. Es ist Husai, der Ratgeber. David zieht ihn an sich.
»Ahitophel ist zu Absalom gegangen«, sagt er. »Aber du, Husai, bist mir treu geblieben. Darum möchte ich dich um etwas bitten: Komm nicht mit mir durch die Wüste, Husai! Geh zurück in die Stadt Jerusalem!«
»Aber, mein König«, sagt Husai, »ich werde dich doch nicht im Stich lassen!«
»In der Stadt nützest du mir viel mehr als in der Wüste, Husai«, sagt David. »Und wenn Absalom in ein paar Stunden nach Jerusalem kommt, dann geh zu ihm und sag: Ich bin der Ratgeber deines Vaters gewesen. Aber jetzt will ich dein Ratgeber sein! Und dann, Husai: Gib dem Absalom falsche Ratschläge! Daß er Fehler macht – und Dummheiten. Damit das Volk sagt: einen solchen Dummkopf wollen wir nicht als König. Wir wollen wieder David haben! So, Husai, kannst du mir am besten dienen!«
Husai pfeift durch die Zähne. Er lacht: »Du bist doch immer noch der Klügste von allen, David. Ich will tun, was du sagst!«
»Noch etwas, Husai!« sagt David. »Ich habe die Priester mit der Bundeslade in die Stadt zurückgeschickt. Auch sie stehen auf unserer Seite. Wenn du mir etwas Wichtiges mitteilen willst, dann schick sie zu mir. Aber sei vorsichtig! Absalom und Ahitophel dürfen nichts merken!«
Unten im Tal hört man Trompetenschall.
»Dort kommen sie!« ruft Husai und zeigt mit dem Arm nach Süden. Auf der Straße nach Jerusalem bewegt sich in einer Staubwolke ein unendlich

langer Zug gegen die Stadt. In der Morgensonne blitzen Schwerter, Helme und Schilder. Und wie fernes Donnern tönt der Ruf zum Ölberg hinauf: »Ab-sa-lom ist Kö-nig! Ab-sa-lom ist Kö-nig!«
»Geh Husai, und mach, was ich zu dir gesagt habe!« sagt David. »Wenn es Gottes Wille ist, dann sehen wir uns wieder. Und wenn nicht... leb wohl, Husai!«
David kehrt Jerusalem endgültig den Rücken. Er und seine Leute ziehen weiter. Vor ihnen liegt die Wüste Juda. Steinige, gelbe, ausgetrocknete Hügel sind es und jäh abfallende, gefährliche Felsen.
Die Sonne steigt höher. Sie brennt unbarmherzig auf die Menschen.
Da! Hat nicht jemand gerufen?
Auf dem Hügel dort drüben steht eine Gestalt. Ein Mann ist es.
»David!« ruft er. Und immer wieder: »David! David!«
König David bleibt stehen.
»Ich heiße Simei!« ruft die Gestalt vom jenseitigen Hügel. »Ich freue mich, daß du fliehen mußt, König David. Denn du bist ein Blutmensch! Ein schlechter Kerl! Ein nichtswürdiger Schurke! Gott straft dich heute für alles Böse, das du in deinem Leben getan hast!«
Simei bückt sich, hebt einen Stein auf und schleudert ihn nach David. Dann schreit er von neuem: »König David – du Blutmensch! Du Nichtsnutz! Du Schurke!« Und bei jedem Wort schleudert er einen Stein.
Hauptmann Joab eilt zu David.
»Laß mich rübergehen, David!« sagt er. »Ich will diesem gemeinen Hund den Kopf mit meinem Schwert abschlagen. Dieser niederträchtige Kerl, der dir flucht und dich beschimpft, hat den Tod verdient.«
Aber David schüttelt den Kopf.
»Bleib da, Joab«, sagt er. »Laß ihn fluchen und mich beschimpfen. Denn vielleicht hat Gott zum Simei gesagt: Verfluche und beschimpfe den David! Vielleicht straft mich Gott jetzt, weil ich so viel Sünde und Schuld in meinem Leben auf mich geladen habe.«
»Blutmensch! Nichtsnutz! Elender Schurke!« schreit Simei.
David geht weiter. Er schaut sich nicht um.
Simei bleibt zurück. Noch lange hört man seinen Ruf, der von den Felsen widerhallt: »Blutmensch! Nichtsnutz!«
Heiß brennt die Sonne in der Wüste. Steil geht der Weg abwärts ins Jordantal. Müde wandert die Schar über den steinigen, staubigen Weg. Stunden vergehen.
Da! Wer kommt ihnen entgegen? Zwei Esel, vollbepackt mit Säcken und Schläuchen. Und ein Mann, der sie antreibt! Der Mann verneigt sich vor dem König.

»Ich bin Ziba«, sagt der Mann. »Ich habe gehört, daß der König flüchten muß vor seinem Sohn Absalom. Da habe ich mir gedacht, daß der König und seine Familie in der Wüste bestimmt Hunger und Durst haben. Und so habe ich diese beiden Esel mit Vorräten vollgepackt.«
Ziba öffnet die Säcke und Bündel.
»Da sind zweihundert Brote«, sagt er. »Und hier: hundert getrocknete Trauben. Und in diesem Sack: frische Oliven, Feigen, Granatäpfel und Datteln. Und in diesen Schläuchen hat es Wein! Ich schenke dir alles, König David. Auch die beiden Esel kannst du behalten. Damit du und deine Frauen und Kinder darauf reiten können, wenn ihr müde seid.«
David lächelt. Er dankt Ziba. Er freut sich, daß es Menschen gibt, die ihn nicht beschimpfen, sondern ihm helfen.
Gegen Abend kommen sie zum Jordan. Die Zelte werden aufgeschlagen und Feuer angezündet. Im Jordanfluß holen sie Wasser. In den großen Kesseln dampft eine Suppe. Alle haben Hunger.
David sitzt vor einem der Feuer. Neben ihm sitzen Nathan und Joab.
»Was ist wohl mit Jerusalem passiert?« fragt Joab.
David gibt keine Antwort. Er schaut ins Feuer. Dann fängt er leise an zu singen:

»Der Herr ist mein Hirte,
mir wird nichts mangeln.
Auf grünen Auen läßt er mich lagern,
zur Ruhstatt am Wasser führt er mich.
Er stillt mein Verlangen;
er leitet mich auf rechtem Pfade
um seines Namens willen.
Und ob ich schon wanderte im finstern Tal,
ich fürchte kein Unglück;
denn du bist bei mir,
dein Stecken und Stab, der tröstet mich.«

David schweigt. Über der Wüste geht der Mond auf.
»Jetzt bin ich im finstern Tal«, sagt David. »Aber Gott hat mich nicht verlassen. Auch wenn er mich straft, ist er bei mir. Vielleicht vergibt er mir und macht, daß ich wieder glücklich werde.«
Es ist still geworden im Lager. Die Frauen, die Kinder und die Alten schlafen in den Zelten. Die Männer und die Soldaten schlafen im Freien. Joab hat Wachen aufgestellt. Man muß vorsichtig sein. Absalom könnte in der Nacht kommen und das Lager überfallen.
»Gott vergibt dir, David«, sagt der Prophet Nathan.
In der Wüste schreit ein wildes Tier.

Absalom in Jerusalem

2. Samuel 16,15–17, 23

Vorbemerkung

Im Zentrum dieses Abschnitts steht das brillante Rededuell zwischen Ahitophel und Husai. Vom Erfolg einer dieser beiden Reden hängt es ab, ob Absalom König bleibt oder nicht. Daß nur der *Ratschlag Ahitophels* der richtige sein kann, darüber läßt die Bibel keinen Zweifel. Wenn Absalom die Verfolgung Davids so schnell wie möglich aufnimmt und ihn überfällt, bevor er nach der überstürzten Flucht seine Getreuen sammeln und zum Krieg rüsten kann, dann ist die Sache für David verloren. Ahitophel rechnet damit, daß für einen solchen Blitzkrieg 12000 Mann vollauf genügen. David hat nur etwas über zweitausend Mann, die schlecht verpflegt und übermüdet sind. Ist David in der Gewalt Absaloms, dann ist der Krieg beendet.
Aber Absalom schlägt Ahitophels guten Rat in den Wind und hört auf Husai, der vorschlägt, ein großes Heer zu sammeln. Husai rechnet damit, daß in diesem Fall David genügend Zeit hat, Proviant und Waffen zu beschaffen und die Verteidigung zu planen. Damit wäre David dem Absalom – trotz dessen Übermacht – überlegen. Daß Absalom diesen für David günstigen, für Absalom aber schlechten Rat annimmt, liegt in Gottes Ratschluß, denn »der Herr hatte es so gefügt, daß der kluge Rat Ahitophels vereitelt wurde, um das Unheil über Absalom zu bringen.«
Auch der erste Rat, den Ahitophel dem Absalom gibt, ist gut: Der Prinz soll den Harem seines Vaters vor den Augen des Volkes in Besitz nehmen und so zeigen, daß er jetzt der Herr im Hause und im Land ist. Diese Szene lasse ich in der Erzählung weg, da sie sich erübrigen läßt.

Erzählung

»Ab-sa-lom ist Kö-nig! Ab-sa-lom ist Kö-nig!«
Tausende von Soldaten rufen es immer wieder. Sie marschieren auf staubigen Wegen. In der Ferne sehen sie den Hügel mit der Hauptstadt.
»Bald sind wir in Jerusalem!« ruft einer.
»Wir brechen die Stadttore auf!« brüllt ein anderer.
»Wir stürmen den Palast!«
»Wir schmeißen David vom Thron!«
»Wir ziehen ihm die Ohren lang!«
Gelächter.

Gebrüll.
Und immer wieder: »Ab-sa-lom ist Kö-nig! Ab-sa-lom ist Kö-nig!«
Ganz vorne reitet Prinz Absalom. Er hat sich ein goldenes Diadem aufgesetzt. Neben ihm reitet Ahitophel.
Ein Bote kommt angeritten. »Es gibt weit und breit keine Soldaten Davids!« meldet er. »Das Stadttor von Jerusalem ist weit geöffnet!«
»Das kann eine Falle sein«, sagt Absalom zu Ahitophel. »Vielleicht haben sich die Soldaten meines Vaters hinter dem Tor versteckt.«
»Nein«, sagt Ahitophel. »David ist bestimmt geflüchtet. David ist klug. Er will kein Blutvergießen.«
»Mein Vater ist ein Narr!« denkt Absalom. Laut aber sagt er: »Vielleicht gibt es doch einen Hinterhalt. Seid vorsichtig!«
Aber weder hinter dem Stadttor noch in der Stadt sind Soldaten.
Absalom reitet zum Palast hinauf. Das Tor zum Hof steht offen. Nirgends sind Wachen.
Jetzt reitet Absalom über den Hof.
Hier hatte er vor vielen Jahren mit Prinz Amnon gespielt. Hier hatte er aus alten Brettern einen Thron gemacht. Und jeder von ihnen hatte damals gesagt: »Ich bin König! Ich bin König!«
Absalom lacht.
»Wenn du mich jetzt sehen könntest, Amnon!« sagt er, »dann würdest du vor Neid platzen. Denn jetzt bin ich König!«
Absalom und Ahitophel schwingen sich vom Pferd. Sie gehen in den Palast hinein. Drinnen ist es dunkel und kühl – und unheimlich still. Die Tritte Absaloms und Ahitophel hallen in den Gängen.
Absalom stürmt die Treppe hinauf. Ahitophel keucht hinterher.
Jetzt steht Absalom vor dem Zimmer seines Vaters. Er schlägt den Vorhang zurück. Er sieht den Thron mit dem purpurfarbenen Stoffüberzug.
Da hört Absalom ein Geräusch. Hat sich dort in der Ecke nicht etwas gerührt?
Absalom zieht sein Schwert.
»Du kannst das Schwert ruhig wegtun, König Absalom! Ich bin's nur!«
»Husai!« ruft Absalom. »Du hier? Aber wo sind die andern? Mein Vater, meine Mutter, Prinz Salomo und die andern Prinzen? Wo ist die Palastwache? Wo ist Joab? Wo sind die Diener und Dienerinnen?«
»Sie sind alle geflüchtet«, antwortet Husai. »Heute nacht. Als sie hörten, daß du im Anzug bist, sind sie Hals über Kopf davongerannt: über den Ölberg in die Wüste. Nur die Priester und ich sind dageblieben. Denn ich bin deinem Vater durch viele Jahre hindurch ein guter Ratgeber gewesen. Aber jetzt, wo du König geworden bist, will ich dein Ratgeber sein.«

Ahitophel kommt ins Zimmer.
Absalom klatscht in die Hände und lacht.
»Da sind wir ja alle wieder beisammen!« sagt er. »Nur der Prophet Nathan fehlt. Aber auf diese saure Zitrone können wir verzichten. Weißt du noch, Ahitophel, wie dir David einmal befohlen hat, mir mit dem Stock den Hintern zu verprügeln! Aber dann hat es ihn gereut, und du hast den Stock wieder in die Ecke stellen müssen. Aber der Nathan ist fuchsteufelswild geworden. Was hat er doch zu meinem Vater gesagt?«
»Wer seinen Sohn liebt, der züchtigt ihn«, antwortet Husai und pfeift durch seine Zähne.
Absalom lacht wieder. »Du hast ein gutes Gedächtnis, Husai«, sagt er.
Jetzt setzt sich Absalom auf den Thron. Er schaut auf Husai und Ahitophel hinunter.
Im Hof des Palastes marschieren die Soldaten ein. Sie zünden Feuer an. Aus den Vorratskammern holen sie Käse und Brot, Fleisch und Wein, Früchte und Kuchen.
»Ab-sa-lom ist Kö-nig! Ab-sa-lom ist Kö-nig!« schreien sie.
»Ahitophel!« befiehlt Absalom, »hol die Offiziere zu mir herein. Wir wollen beraten, was weiter geschehen soll.«
Bald füllt sich das Zimmer mit Männern. Jeder, der hereinkommt, verneigt sich vor Absalom.
»Mein Vater David«, sagt Absalom, »ist vor mir geflüchtet. Das ist nicht gut. Lieber hätte ich ihn hier in Jerusalem gefangengenommen und getötet. Denn so lange er lebt und frei ist, ist mein Königtum nicht sicher. Also: Was sollen wir jetzt tun? Gib mir einen Rat, Ahitophel!«
Ahitophel streicht sich über seinen Bart. Er denkt nach. Dann sagt er: »Wir müssen deinen Vater verfolgen, König Absalom! Und zwar sofort! Laß mich jetzt gleich zwölftausend Soldaten auswählen und David nacheilen. Über den Ölberg in die Wüste. Denn jetzt, nach der Flucht, sind er und seine Soldaten müde. Und wenn wir sie überfallen, können sie sich nicht wehren. Dann werden wir David töten und dann, König Absalom, brauchst du keine Angst mehr zu haben, daß er dir je wieder die Königskrone wegnimmt.«
Absalom nickt. Dann sagt er: »Und du, Husai, was meinst du? Ist Ahitophels Rat gut?«
Husai pfeift durch die Zähne. Er denkt nach.
»Ahitophels Rat ist gut«, denkt er. »Denn wenn Absalom David heute nacht verfolgen läßt, dann ist David verloren. Ich muß dem Absalom einen schlechten Rat geben. Aber er darf es nicht merken.«
Wieder pfeift Husai durch die Zähne. Dann sagt er laut: »Ahitophel ist

zwar der gescheiteste Mann in ganz Israel. Aber dieses Mal ist sein Rat nicht gut. Du weißt doch, König Absalom, was für ein guter Feldherr dein Vater ist. Und was für Soldaten er hat, die besten weit und breit! Mit diesen Soldaten hat er die Philister besiegt – und die Ammoniter! Und viele andere Völker! Meinst du, die würden so schnell müde? Meinst du, die würden heute nacht schlafen! Nein! Dein Vater hält sich ganz bestimmt in einer dunklen Schlucht versteckt. Hinter dem Ölberg. In der Wüste. Und wenn der Ahitophel mit seinen lumpigen zwölftausend Soldaten kommt, dann überfällt sie David in der Dunkelheit – und jagt sie davon. Und dann heißt es überall im Land: Seht den Absalom, den Schwächling! Die erste Schlacht hat er schon verloren. Sein alter Vater hat ihn in die Flucht gejagt! Nein, wir wollen den schwachen Absalom nicht als König. Wir wollen, daß der starke David wieder König wird! So werden die Leute sagen!«
»Hör nicht auf Husai, König Absalom!« ruft Ahitophel. »Sein Rat ist schlecht. Er will...«
»Schweig, Ahitophel!« ruft Absalom und klopft mit der Faust auf die Armlehne des Throns. »Fahr weiter, Husai! Was rätst du mir?«
»Wenn du David besiegen willst«, sagt Husai, »dann sammle alle Männer von Israel. Schick Boten in alle Städte und Dörfer und befiehl: Kommt nach Jerusalem! Und dann, wenn alle hier sind, dann zieh mit diesem gewaltigen Heer gegen deinen Vater. Dann bist du in der Übermacht. Dann wirst du siegen. Das ist mein Rat!«
Absalom springt auf.
»Dein Rat ist gut, Husai!« sagt er. »Er ist viel besser als der Rat von Ahitophel!«
Husai pfeift durch die Zähne und lächelt.
»Ich habe gewonnen«, denkt er. »Bis Absalom die Männer aus ganz Israel gesammelt hat, vergeht viel Zeit, und in dieser Zeit kann David sich ausruhen, kann Speere, Schwerter und Schilder beschaffen und sich ein gutes Gelände für die Schlacht aussuchen!«
Das alles denkt Husai. Laut aber sagt er nichts. Er verneigt sich vor Absalom.
Auch Ahitophel verneigt sich. Aber er lächelt nicht. Er ist totenbleich. Er verläßt das Zimmer. Er bahnt sich einen Weg durch die Soldaten, die im Hof des Palastes essen, trinken und lärmen.
Ahitophel schwingt sich auf einen Esel und reitet nach Hause. Er weiß, daß er verspielt hat. »David wird siegen«, denkt er, »und dann geht es mir schlecht!«
Am andern Tag meldet ein Bote dem Absalom, daß Ahitophel sich erhängt hat.

Husai aber geht noch in der gleichen Nacht zu den Priestern. »Eilt zu König David!« flüstert er. »Und sagt ihm: ›Ahitophel hat dich verfolgen wollen. Aber Gott hat gemacht, daß Absalom auf mich gehört hat. Jetzt hast du Zeit, dich für den Krieg vorzubereiten!«
Die Priester bringen David die gute Nachricht. David sitzt mit Joab in einem Zelt.
»Gott sei Dank!« sagt David. »Absalom hat auf den Rat von Husai gehört. Jetzt gehen wir auf die andere Seite des Jordans. Dann wandern wir zwei Tagesreisen flußaufwärts, bis zu der Stelle, wo der Jabbokfluß in den Jordan fließt. Am Jabbok aber liegt eine gut befestigte Stadt. Mahanaim heißt sie. Dort wollen wir hingehen und uns auf den Kampf vorbereiten.«
Bald bläst das Horn zum Aufbruch. Die Zelte werden abgebrochen.
In der Nähe gibt es eine Stelle, wo der Jordanfluß nicht tief ist. Da können alle hinübergehen, auch die Kinder.
Zwei Tage später sind sie in der Stadt Mahanaim.

Absaloms Niederlage und Tod

2. Samuel 18

Vorbemerkung

Gilead heißt – unter anderem – das Gebiet nördlich und südlich des Jabbokflusses. Hier lag, etwa 12 km vom Jordan entfernt, Mahanaim. Der Ort war vormals die Residenzstadt Isjos gewesen (2. Samuel 2,8). Hier findet David Zuflucht und bekommt von Freunden – unter ihnen auch einem Sohn des verstorbenen Ammoniterkönigs Nahas – Lebensmittel, Geschirr, Decken und Ruhebetten. In der Zwischenzeit hat Absalom den Heerbann versammelt. Er überquert mit ihm den Jordan und lagert im Gebiet von Gilead, vermutlich in der Nähe von Mahanaim. Da Absalom zur Entscheidung drängt, muß er David dort bekämpfen, wo sich sein Vater ihm stellt. So hat David den entscheidenden Vorteil, daß er den für seine Lage am besten geeigneten Schlachtort aussuchen kann. Die Wahl verrät den gewiegten Strategen: Er lockt Absaloms schwerfälliges Heer in den »*Wald von Ephraim*«, das ostjordanische Kolonisationsgebiet dieses westjordanischen Stammes. Da Hertzberg (»Altes Testament Deutsch«) bemerkt, daß die Landschaft dort »noch heute allerlei Bestand an Wald enthält, den wir uns natürlich nicht als Hochwald zu denken haben – obwohl es, wie es sich dann zeigt, an hohen Bäumen nicht fehlt –, sondern

mehr als Gemisch von Gestrüpp und Felsen«, stelle ich mir Tessiner Wald – Ciossa – vor, wie er beispielsweise in den Höhen um Locarno zu finden ist, und wo ich selber schon manches Mal hoffnungslos im Gesträuch hängen geblieben bin, zum Teil beim Indianerspiel mit Jugendlagern. In einem solchen »Wald« hat der Verteidiger alle, der Angreifer praktisch keine Vorteile.
Der Baum, in dessen Geäst Absalom auf der Flucht hängen bleibt, wird mit »Terebinthe« oder »Eiche« übersetzt, kann aber auch andere größere Bäume meinen. Ob Absalom die langen Haare zum Verhängnis geworden sind, ist nicht sicher. Der Text sagt nur, daß er mit dem Kopf hängen geblieben ist. Aber das Bild des an seinen schwarzen Haaren zwischen Himmel und Erde schwebenden Prinzen ist so einprägsam, daß ich daran festhalte. (Aus meiner eigenen Sonntagsschulzeit in Basel ist mir der Vierzeiler in Erinnerung geblieben:

Dr Absalom, dr Königsohn,
blybt am Bäumli hange.
Hätt är synen Eltere gfolgt,
no wär s em nit so gange.)

Erzählung

Durch die Wüste marschiert ein langer Zug von Soldaten. Es sind die Soldaten Absaloms. Sie rufen nicht mehr »Absalom ist König!« Es ist zu heiß. Die Soldaten sind müde.
Aber es gibt keinen Halt. Absalom treibt sie vorwärts. Sie durchqueren den Jordan an der Stelle, wo das Wasser nicht tief ist. Sie marschieren jordanaufwärts. Sie kommen in die Nähe des Jabbokflusses.
Endlich werden die Zelte aufgeschlagen. Die Soldaten können sich ausruhen.
»Morgen früh brechen wir auf«, sagt Absalom zu Husai. »In ein paar Stunden sind wir in Mahanaim. Dann wird die Stadt belagert. Und gestürmt. Oder ausgehungert!«
Husai nickt und pfeift durch die Zähne. »Und wenn David sich außerhalb der Stadt zum Kampf stellt, dann greif ihn an! Du bist in der Übermacht, König Absalom. Du wirst siegen!«
Es ist früher Morgen. Ein Mann reitet den Jabbokfluß entlang. Das Maultier rennt über Stock und Stein. Der Wind pfeift dem Reiter um die Ohren. Aber es geht ihm noch nicht schnell genug. Mit der flachen Hand haut er auf den Rücken des Tieres. »Schneller!« ruft er. »Schneller!«

Der Mann ist Husai. In der Nacht ist er heimlich aus dem Zelt geschlichen und hat sich davon gemacht. Husai muß zu David. Er muß ihn warnen. Das Gelände wird unwegsam. Bäume und Gebüsch stellen sich Maultier und Reiter in den Weg. Äste schlagen Husai ins Gesicht. Blut läuft ihm über die Stirn. Husai duckt sich auf das Maultier.
»Ich bin schon alt«, denkt Husai, »aber reiten kann ich noch!«
In der Ferne taucht die Stadt auf. Die Stadtmauer wird immer größer. Jetzt ist Husai beim Stadttor angelangt.
»Ich muß zum König David!« ruft er dem Torwächter zu.
»Ich führ dich zu ihm!«, sagt der Wächter.
Im Torturm gibt es eine kleine Tür. Der Wächter öffnet sie. Stockdunkel ist es im Turm. Aber der Mann kennt sich aus. Er geht die steile Wendeltreppe hinauf. Husai folgt dem Torwächter. Wieder öffnet er eine Tür. Jetzt steht Husai in einem Zimmer.
Im Zimmer sitzt König David. Er hat seine Rüstung angezogen. An der Seite hängt sein Schwert. Neben ihm stehen der Prophet Nathan und der Hauptmann Joab.
»Husai!« ruft König David. Er steht auf und umarmt seinen Ratgeber. »Was ist los, daß du zu mir kommst?«
»Ich bin ausgerissen!« sagt Husai.
»Und Absalom?« fragt David. »Ist er gesund?«
»Und wie!« sagt Husai. »Morgen will er die Stadt belagern und dich, deine Soldaten und die Bevölkerung aushungern.«
»Am besten wäre es«, sagt Joab, »wenn wir gar nicht in der Stadt bleiben würden. Wir sollten uns auf freiem Feld zum Kampf stellen.«
»Aber auf freiem Feld ist er uns auch überlegen«, sagt Husai. »Er hat viel mehr Soldaten als wir.«
David denkt nach. Er schaut Husai an.
»Warum bist du so blutig im Gesicht, Husai?« fragt er.
»Die Sträucher und die Äste der Bäume haben mir beim Reiten ins Gesicht geschlagen«, sagt Husai.
»Die Äste!« sagt David. »Die Sträucher! Das gibt mir Gott ein! Unser Schlachtfeld ist der Wald. Los, Joab, ruf die Soldaten zusammen!«
»Du darfst nicht mitgehen in die Schlacht!« sagt Husai zu David.
»Warum nicht?«
»Wenn Absalom dich tötet, ist Israel verloren!« sagt Husai. »Und gerade das will er: dich töten!«
»Ich muß mitgehen!« sagt David.
Er steht auf. An der Wand hängt sein roter Mantel. David legt ihn sich um. Es ist der Mantel, den ihm Absalom geschenkt hat.

»Ich muß mitgehen«, sagt David, »weil wir gegen Absalom kämpfen.«
»Und?« fragt der Prophet Nathan.
»Absalom ist mein Sohn«, sagt David. »Ich will nicht, daß ihm etwas zustößt!«
Hauptmann Joab schüttelt den Kopf: »Was hat dir Absalom alles angetan, David! Zum König hat er sich gemacht! Jerusalem hat er erobert! Alles hat er dir weggenommen! Jetzt zieht er gegen dich in den Krieg! Und du willst ihn noch schonen!«
»Er ist mein Sohn«, sagt David. »Ich liebe ihn.«
»Bleib hier, David«, sagt Husai. »Wenn sie dich töten, ist Israel verloren.«
»Aber dem Absalom darf nichts geschehen!« ruft David. »Ich lasse es nicht zu! Tu ihm nichts an, wenn er dir begegnet, Joab!«
Davids Soldaten ziehen durch das Tor aus der Stadt Mahanaim. Voran marschiert der Hauptmann Joab. Beim Stadttor steht König David. Er hat den roten Mantel an, den ihm Absalom geschenkt hat. Und allen Offizieren und allen Soldaten, die an ihm vorbei marschieren, ruft er immer wieder zu: »Verschont meinen Sohn Absalom! Tut ihm nichts an!«
Dann geht David zurück in sein Turmzimmer und wartet.
Davids Soldaten aber beziehen Stellung im Wald jenseits des Jabbokflusses.
Absalom marschiert mit seinem Heer auf die Stadt Mahanaim zu. Er will die Stadt belagern. Da meldet ihm ein Bote: »Davids Soldaten sind nicht mehr in der Stadt. Sie haben den Jabbokfluß überschritten.«
»Wir verfolgen sie!« ruft Absalom.
Absalom reitet auf einem Maultier. Er überquert als erster den Jabbokfluß.
»Die Soldaten Davids sind in jenem Wald verschwunden!« meldet der Bote.
Absalom gibt seinen Offizieren ein Zeichen: »Warten! Zum Angriff bereit machen!«
Die Soldaten ergreifen Schwert und Speer. Sie warten.
Absalom wartet ebenfalls.
Eine Stunde vergeht.
»Wo ist David?«, denkt Absalom. »Wo ist Joab? Wo sind die Soldaten Davids? Warum greifen sie nicht an?«
»Die haben Angst!« denkt Absalom. Er lacht. »Als sie mich haben kommen sehen, sind sie geflüchtet, die Hasenfüße!«
Absalom gibt ein Zeichen. Die Soldaten schleichen geduckt hinter ihm und seinem Maultier her in den Wald hinein.
Ganz still ist es im Wald. Kein Mensch ist weit und breit. Nur Vögel sitzen

auf den Ästen und pfeifen. Durch die Blätter scheint die Sonne. Der Wind streicht durch die Blätter. Die Schatten am Boden bewegen sich.
»Die Soldaten Davids haben sich im Wald versteckt!« sagt Absalom ganz betroffen. »Aber die finden wir schon! Denen werden wir's zeigen!«
Weiter pirschen sie in den Wald hinein. Immer weiter. Das Gestrüpp wird dichter. Große Felsblöcke versperren den Weg. Die Soldaten schimpfen.
Da fliegt ein Speer!
Da sausen Steine!
Da brüllt's von den Bäumen!
Von den Felsen kommen Steine geflogen. Davids Soldaten greifen an. Aber man sieht sie nicht. Hinter den Felsen und auf den Bäumen sind sie versteckt.
Unheimlich wird es den Soldaten Absaloms. Viele liegen schon verwundet am Boden. Die andern fliehen.
»Zum Wald hinaus! Zum Wald hinaus!« schreien sie.
Aber sie bleiben in den Büschen hängen. Sie verfangen sich mit ihren Kleidern in den Dornen.
Absalom ist erschrocken und zornig. Er schlägt auf sein Maultier ein.
»Wir müssen siegen!« schreit er. »Sonst ist alles verloren!«
Sein Maultier schlägt aus. Es bäumt sich auf. Es rennt davon. Absalom hält sich an der Mähne.
Da: ein Baum!
»Halt!« schreit Absalom.
Aber schon schlägt ihm ein dicker Ast ins Gesicht. Absalom schreit auf. Seine Stirne schmerzt. Mit seinen langen schwarzen Haaren bleibt er im Geäst eines großen Baumes hängen. Das Maultier rennt weiter. Unter Absalom hinweg.
Da hängt der Prinz zwischen Himmel und Erde.
Atemlos kommt ein Soldat zu Hauptmann Joab gerannt. »Ich habe ihn gesehen! Der Prinz hängt an einem Baum. Er ruft um Hilfe!«
»Hättest du ihn doch getötet!« fährt ihn Joab an. »Ich hätte dir einen Beutel Geld und einen Gürtel für dein Schwert geschenkt.«
»Aber«, sagt der Soldat erschrocken, »der König hat doch gesagt: Verschont meinen Sohn Absalom! Tötet ihn nicht!«
»Nach allem, was Absalom seinem Vater angetan hat, sollen wir ihn noch schonen?« sagt Joab. »Wo hängt er? Wenn du es nicht tust, dann tue ich es.«
König David sitzt im Turmzimmer beim Stadttor. Husai, sein Ratgeber, ist bei ihm.
Da stürzt ein Bote ins Zimmer.

»Wir haben gesiegt!« ruft er. »Wir haben gesiegt!«
David springt auf.
»Und geht es meinem Kind, dem Absalom, gut?« fragt er.
»Er ist tot«, sagt der Bote.
Da hüllt sich König David in seinen roten Mangel und weint: »Mein Sohn! Absalom! Mein Kind!«
So endete der Aufstand Absaloms gegen seinen Vater. David zog nach einigen Tagen wieder nach Jerusalem und regierte wie vorher als König über das ganze Land. Wenn ihn Traurigkeit überkam wegen Absalom, dann sang er die Lieder vor sich hin: »Befiehl dem Herrn deine Wege und hoffe auf ihn, er wird's wohl machen.«
Und: »Der Herr ist mein Hirte, mir wird nichts mangeln.«
Als David dann nach ein paar Jahren starb, wurde sein Sohn Salomo König über Israel.

Der Hof

Vorbemerkung

Hier handelt es sich um eine Geschichte, die, in knapper Form, das zusammenfaßt, was in 1. Könige 3,4,5 und 7 über Salomos Hofhalt, Beamte und seine Weisheit berichtet wird. Als Rahmen dient mir die erfundene, aber durchaus mögliche Gestalt des Nomadenscheichs Abimelech, der einen Tag am Hof des Königs erlebt.
Die in diesen Kapiteln in der Bibel angeführten Zahlen sind bei den Auslegern umstritten. Weit auseinandergehende Ansichten gibt es bereits bei den Maßeinheiten. So schwanken beispielsweise die Umrechnungsvorschläge für ein Kor zwischen 220 und 450 Liter! Nimmt man das kleinste Maß, so erreicht die Brotausbeute (»gewöhnliches Mehl« und »Semmelmehl« gemeinsam) doch täglich um 19000 Kilogramm, was sehr hoch scheint. Bedenkt man aber, daß auch das Personal in den Garnisonen und das Heer vom Hof ernährt werden mußten, so ist die Zahl realistisch. Rechnet man den Brot- und Fleischbedarf nach den heute gängigen Normen (500 g Brot und 250 Gramm Rindfleisch), so reichen die Totalmengen beider Lebensmittel für etwa gleichviel Menschen (rund 40000). Nimmt man zudem an, daß Israel damals etwa 1 Million Einwohner zählte, so ist die Zahl von 40000 Beamten, Knechten, Dienern, Soldaten und Fronarbeitern durchaus denkbar.

Erzählung

Als der dicke Abimelech auf seinem Esel durch das südliche Tor in die Stadt Jerusalem reitet, bläst der Torwächter ins Horn.
»Hört ihr!« ruft Abimelech seinen beiden ältesten Söhnen zu, die neben ihm gehen und die Geschenke tragen. »Hört ihr! Er bläst meinetwegen! So wird in Jerusalem die Ankunft eines Königs angezeigt!«
Abimelech ist zwar kein König, auch wenn sein Name »Mein Vater ist König« bedeutet. Aber er ist immerhin Herrscher über einen großen Nomadenstamm.
Abimelech besitzt zwölf Frauen, siebenundzwanzig Söhne, achtundvierzig Esel, ungefähr vierhundertfünfzig Schafe und ebenso viele Ziegen, und außerdem hat Abimelech einen gewaltigen Bauch, ein rundes glänzendes Gesicht mit einem Doppelkinn, und in seinem Gürtel trägt er immer dreißig Lot pures Gold mit sich.
Abimelech ist reich. Und Abimelech ist keinem König untertan. Er ist sein eigener Herr und Meister. Wenn immer möglich, geht er den andern Königen und Herrschern aus dem Weg. Besonders wenn sie mächtiger sind als er.
Aber jetzt hat ihn die Neugierde gepackt.
Seit Jahren hatte Abimelech schon so viel vom Reichtum und von der Weisheit des Königs Salomo gehört, daß ihn der Wunsch, diesen König zu sehen, Tag und Nacht verfolgte. Und als er vor zwei Monaten beim Weidwechsel mit seinen Herden in die Jordanebene gekommen war, hatte er seinen ältesten Sohn mit einer Botschaft nach Jerusalem geschickt.
Die Botschaft hieß: »Der Nomadenfürst Abimelech, Sohn des Galed, hat von der Macht, von der Weisheit und vom Reichtum des großen Königs Salomo, Sohn des David, gehört. Darum bittet Abimelech den König Salomo untertänigst, ihn am Hof zu empfangen und seine Huldigungen und Geschenke entgegenzunehmen.«
Zwei Tage später war sein Sohn mit der Antwort Salomos zurückgekommen: »König Salomo wird den Nomadenfürsten Abimelech am Hof empfangen und ihn an der königlichen Tafel bewirten. Abimelech möge am fünften Tag nach dem nächsten Neumond am Hof erscheinen.«
Darum reitet jetzt Abimelech auf seinem besten Esel, bekleidet mit seinem schönsten Mantel, durch das Stadttor. Zwei Soldaten erwarten ihn und begleiten ihn auf den Hügel Zion. Dort steht, umgeben von einer hohen Mauer, der Palast Salomos.
Abimelech reitet durch ein gewaltiges Tor in den Hof des Palastes ein. Der Hauptmann der Torwache hilft ihm vom Esel herunter.

»Willkommen, Abimelech!« sagt der Hauptmann und verneigt sich. »Ahisar, der Vorsteher des Palastes, erwartet dich!«
Der Hauptmann geht mit Abimelech und seinen Söhnen über den Hof. Linkerhand steht ein großes zweistöckiges Gebäude. Im ersten Stock sitzt in einem großen Zimmer Asarja, der Palastvorsteher, an einem Tisch. Hinter Asarja steht ein älterer Mann.
Asarja ist noch jung. Sein schwarzer Bart ist kurz geschnitten, und über seinem weißen Hemdrock trägt er ein rotes Übergewand mit Quasten, die aus weißen Wollfäden geknüpft sind.
Abimelech ist das Treppensteigen nicht gewohnt. Er schwitzt und schnauft vor Anstrengung. Außerdem hat er Angst. Er ist noch nie in einem zweistöckigen Gebäude gewesen. »Ich bin froh«, flüstert er seinen Söhnen zu, »daß ich in einem Zelt wohne, wo man noch den Erdboden unter seinen Füßen hat.«
Asarja geht Abimelech entgegen.
»Der König Salomo läßt dich grüßen«, sagt er. »Du wirst an seiner Tafel speisen; und am Nachmittag wird er dich im Audienzsaal empfangen.«
Abimelech ist enttäuscht, daß ihn der König nicht persönlich begrüßt.
»Ich habe da noch ein paar Geschenke für Salomo«, sagt er. »Könnte ich sie ihm nicht gleich überreichen?«
»Leg alles hier auf den Tisch!« sagt Asarja. »Die Diener werden es in die königliche Schatzkammer tragen und dem König Meldung machen.«
»Aber ich will sie dem König persönlich...«
Asarja lächelt.
»Weißt du, Abimelech: Wenn der König Salomo alle Gaben persönlich entgegennehmen müßte, hätte er den ganzen Tag nichts anderes zu tun, als Geschenke anzuschauen.«
Abimelech starrt Asarja an.
»So viele Geschenke bekommt er?« fragt er mißtrauisch. »Wie viel Fürsten besuchen ihn denn jeden Tag?«
Wieder lächelt Asarja.
»Viele«, sagt er. »Du wirst es nachher beim Essen sehen.«
Asarja winkt dem älteren Mann, der noch immer hinter ihm steht.
»Das ist Jojada«, sagt er. »Er wird dich und deine Söhne in den Speisesaal begleiten und dir auch noch dies und jenes von den Palastbauten zeigen. Wenn du Fragen hast, stell sie ihm! Jojada weiß alles!«
Als sie draußen auf dem Gang stehen, deutet Abimelech auf die vielen Türen und fragt: »In welchem Zimmer wohnt denn der König?«
Jojada ist ein würdiger Mann, der bei keiner Frage lacht.
»König Salomo wohnt nicht hier. Das hier ist das Verwaltungsgebäude.«

»Was ist das, ein Verwaltungsgebäude?« will Abimelech wissen.

»Salomos Reich ist unermeßlich groß«, sagt Jojada. »Es ist so groß, daß der König es nicht allein regieren kann. Darum hat er Männer an den Hof gerufen, die ihm beim Regieren helfen. Jeder dieser Männer hat eine bestimmte Aufgabe. Asarja, bei dem wir eben gewesen sind, ist der Vorsteher über den ganzen Palast. Er ist der Oberste über alle Knechte und Mägde, Dienerinnen und Diener. Und in jenem Zimmer dort arbeitet Benaja. Benaja ist der Oberste über das Heer Salomos.«

Abimelech schüttelt den Kopf.

»Wenn ich Krieg habe«, sagt er, »brauche ich keinen Obersten. Als uns einer das Wasser hat wegnehmen wollen, habe ich ihm mit meiner eigenen Faust eine heruntergehauen. Geht denn Salomo nicht mit in den Krieg?«

»Salomo geht nie in den Krieg«, sagt Jojada. »Und auch Benaja geht nur ganz selten ins Feld. Er gibt seine Befehle an die Offiziere, die zusammen mit den Soldaten in den Garnisonsstädten wohnen. In diesen Städten gibt es auch Zeughäuser, die voll sind von Waffen, Streitwagen und Pferden. Der König hat 4000 Gespann Rosse und 12000 Reitpferde.«

Abimelech staunt.

»Dann ist dieses Gebäude hier wie der Kopf des ganzen Landes, wo alles ausgedacht und geleitet wird?« sagt er.

»Genau so ist es«, antwortet Jojada. »In jenem Zimmer dort arbeitet Adoniram, der oberste Fronvogt. Er ist dafür verantwortlich, daß die Vögte draußen im Land genug Arbeiter nach Jerusalem oder in die andern Städte schicken. Die Arbeiter müssen dann die Paläste Salomos, den Tempel, die Stadtmauern, die Zeughäuser, die Pferdeställe und vieles andere bauen. Und in jenem Zimmer dort ist der oberste Statthalter, und in dem nächsten ist der Priester Asarja.«

»Ich bin schon froh«, brummt Abimelech, »daß ich noch alles selber machen kann und keine Vögte, Statthalter und Priester brauche.«

Sie sind am Ende des Gangs angelangt. Jojada öffnet eine Türe. Im Zimmer sitzen mehrere Männer und schreiben mit feinen Griffeln, die sie in Tinte tauchen, auf Papyrusrollen.

»Das sind Elihoreph und Ahia, die Hofschreiber, und ihre Gehilfen«, sagt Jojada. »Sie schreiben alle Regierungsmaßnahmen des Königs auf. Die Buchrollen werden in den königlichen Archiven aufbewahrt.«

»In unserem Stamm kann niemand schreiben«, sagt Abimelech. »Es ist auch nicht nötig. Alles Wichtige hat mir mein Vater erzählt. Und ich habe es meinen Kindern erzählt. Und meine Kinder erzählen es ihren Kindern.«

Sie verlassen das Verwaltungsgebäude und gehen hinaus in den Hof.

»Dort drüben, auf der rechten Seite«, sagt Jojada, »steht das Libanon-

Waldhaus. Dort ist auch die Audienzhalle. Daneben steht das Haus der ägyptischen Prinzessin, die der König Salomo geheiratet hat. Und auf dem nächsten Hügel bauen Arbeiter am Tempel. Der König Salomo hat mit dem König Hiram von Tyrus einen Vertrag geschlossen. Hiram liefert dem König Salomo Zedern- und Zypressenholz und Arbeiter für die Bauwerke. Dafür gibt Salomo dem Hiram jedes Jahr Weizen und Öl. Die Steine für den Tempel behauen Tausende von Steinmetzen im Gebirge Juda. Lastträger schleppen die Steine bis nach Jerusalem. Und hier –« Jojada weist auf ein fünftes Bauwerk, das zwischen dem Verwaltungsgebäude und dem Libanon-Waldhaus steht – »hier ist das Haus des Königs. Hier wohnen auch seine übrigen Frauen und seine Kinder, seine Diener und Dienerinnen. Und hier sind auch die Küche und der Speisesaal.«
Jojada betritt mit Abimelech und seinen Söhnen einen großen Saal, in dem viele Tische stehen. An den Tischen sitzen Männer. Sie reden und lachen, und der Lärm im Saal ist gewaltig.
»Dort unten essen die Hofbeamten«, sagt Jojada. »An den obersten Tischen ißt die königliche Familie. Und die übrigen Tische sind für die ausländischen Gesandten und die Gäste. Dein Platz, Abimelech, ist dort drüben!«
Kurze Zeit später wird in eine Posaune geblasen, und der König kommt, umgeben von seinen höchsten Beamten und seinen vielen Söhnen und Schwiegersöhnen, seinen Freunden und Verwandten, in den Speisesaal. Der König ist groß und schlank. Er trägt ein hellblaues Kleid aus Seide. Die Gäste stehen auf und warten, bis sich der König gesetzt hat.
Jetzt beginnen die Musikanten zu spielen, und Diener tragen das Essen auf. In silbernen Schüsseln dampfen Zwiebeln und Bohnen, Linsen und Gurken, Rindfleisch und Schaffleisch.
Abimelech greift mit seinen dicken Fingern in die vollen Schüsseln, wischt sich mit knusprigen Brotfladen das Fett vom Doppelkinn und steckt das Brot in den Mund. Dann stopft er Melonenschnitze, Feigen und Trauben in sich hinein und trinkt vom Wein, der aus goldenen Krügen in silberne Becher gegossen wird.
»Ein einziger von diesen Krügen ist zehnmal schwerer als das Gold, das ich im Gürtel trage«, sagt er zu seinen Söhnen. »Aber ich bin froh, daß ich nicht jeden Tag so viel Leute in meinem Zelt bewirten muß wie der König Salomo.«
»Salomo braucht für seinen Hof, die Beamten, die Soldaten, die Diener und die Arbeiter jeden Tag 9000 kg Schwarzmehl und 4500 kg Weißmehl«, sagt Jojada. »Dazu täglich das Fleisch von 30 Rindern und 100 Schafen, und außerdem noch Hirsche, Gazellen und Geflügel.«

»Und wer besorgt ihm das alles?« will Abimelech wissen.

»An jedem Monat im Jahr muß einer der zwölf Landesbezirke alles, was der König braucht, beschaffen. Die Statthalter sind verantwortlich dafür.«

Nach dem Essen führt Jojada den Abimelech in das Libanon-Waldhaus. Es ist der schönste Teil des ganzen Palastes.

Mit den vielen andern Gästen kommen sie über eine Treppe in die Vorhalle und von da in die Säulenhalle. Drei Reihen Zedernsäulen tragen die Decke, die aus Zedernholz getäfelt ist. Durch große Fenster flutet das Licht der Nachmittagssonne in den Saal, und die Säulen werfen Schatten wie Bäume, wenn die Sonne in den Wald scheint.

Nach der Säulenhalle kommen die Besucher in die Thronhalle. Vorne steht erhöht der Thron Salomos. Er ist aus Elfenbein geschnitzt und mit Gold überzogen. Neben den Lehnen des Throns stehen zwei gewaltige aus Holz geschnitzte Löwen, und auf jeder der sechs Stufen, die zum Thron hinaufführen, stehen nochmals zwei Löwen.

Auf dem Thron sitzt der König. Ein goldenes Diadem funkelt auf seiner Stirn. Neben ihm stehen Sabud, sein Ratgeber und Ahilud, der Kanzler. Der Kanzler meldet dem König jeden Besucher, und bei jedem Namen liest der Schreiber Elihoreph vor, was für Geschenke der Besucher mitgebracht hat.

Als der Kanzler Abimelechs Namen ausruft, geht Abimelech, wie die andern, zu den Stufen des Throns, fällt vor dem König nieder und hört, wie Elihoreph sagt: »Abimelech, der Nomadenfürst, schenkt dem König Salomo: Zehn weiße Schaffelle; zehn braune Ziegenfelle; einen großen Brocken gesäuerte und eingetrocknete Milch und fünf Käse. Der König Salomo nimmt diese Geschenke huldreich entgegen und versichert den Abimelech seiner Dankbarkeit und seiner Freundschaft.«

Über eine Stunde vergeht, bis alle Besucher vor Salomo niedergefallen sind. Dann ruft Ahilud, der Kanzler: »Der König Salomo hält jetzt Gericht. Die Gäste haben die Ehre, der Gerichtsverhandlung beiwohnen zu dürfen!«

Soldaten führen zwei Frauen vor den Thron Salomos. Die eine ist schlank und hat lange blonde Haare. Sie trägt ein kleines Kind auf ihren Armen. Die andere Frau hat braune Zöpfe, ist klein und rundlich.

Der Kanzler Ahilud wendet sich an die Kleine mit den Zöpfen.

»Bring deine Klage dem König vor!« befiehlt er.

»Mein Herr und König«, sagt die Frau, »jene Blonde und ich wohnen im gleichen Haus. Vor ein paar Wochen habe ich ein Kind auf die Welt gebracht, und drei Tage nach mir hat auch jene Frau ein Kind geboren. Und

dann eines Nachts ist das Kind der Blonden gestorben. Sie hat es im Schlaf erdrückt. Und dann, als sie es gemerkt hat, was tut sie? Sie steht mitten in der Nacht auf, kommt an meine Schlafmatte, nimmt mir mein Kind weg und legt ihr totes Kind neben mich. Als ich aber am Morgen aufstehe, um meinem Kind zu trinken zu geben, da merke ich, daß das Kind tot ist. Aber als ich es genau ansehe, merke ich, daß es ja gar nicht mein Kind ist.«
Die Frau schweigt.
Der König nickt der blonden Frau zu.
»Mein Herr und König«, sagt die Blonde, »glaub nicht, was dir diese nichtsnutzige Lügnerin erzählt hat. Sie hat im Schlaf ihr Kind erdrückt. Und jetzt will sie mir meines wegnehmen!«
Die Frau bricht in Tränen aus.
»Du verdorbenes Geschöpf!« ruft die Kleine mit den Zöpfen. »Das tote Kind ist dein Kind, und mein Kind ist das lebende!«
König Salomo hebt die rechte Hand in die Höhe.
»Ruhe!« sagt er. »Ich will euren Streit schlichten. Soldat! Gib mir dein Schwert!«
Einer der Soldaten zieht sein Schwert aus der Scheide und reicht es dem König.
Salomo steht auf.
»Ahilud!« befiehlt er, »schneide das Kind entzwei und gib dieser Frau die eine Hälfte und der andern Frau die andere Hälfte!«
Die Blonde hält das Kind in die Höhe und will es dem Kanzler reichen.
»Schneid zu!« ruft sie. »Das Kind soll weder ihr noch mir gehören!«
»Nein!« schreit die Kleine mit den Zöpfen, »tötet das Kind nicht, mein Herr und König! Gib es der Blonden! Aber laß es am Leben!«
»Ruhe!« ruft der König. »Ahilud! Gib das Kind der Frau mit den Zöpfen! Denn sie ist die Mutter! Sie liebt ihr Kind!«
Die Gäste im Saal rufen Beifall.
Der König steigt die Stufen seines Throns hinunter. Alle verneigen sich.
Eine Stunde später reitet Abimelech auf seinem Esel von Jerusalem über den Ölberg in die Jordanebene hinunter.
»Es ist so, wie ich gehört habe«, sagt er zu seinen Söhnen, die neben ihm gehen. »Der Salomo ist reich, mächtig und weise. Aber hundertmal lieber als in seinem Libanon-Waldhaus wohne ich in meinem Zelt, und tausendmal lieber als seine Hofbeamten habe ich meine Schafe und Ziegen um mich.«

Die Einweihung des Tempels aus 1. Könige 7 und 8

Vorbemerkung

Hier handelt es sich um eine Geschichte, die einen Ablauf erzählt. Nach den Angaben Kenyons (»Archäologie im Heiligen Land«, Neukirchener Verlag des Erziehungsvereins) liegt der Tempelbezirk unter dem muselmanischen Heiligtum, in dessen Mitte sich der Felsendom befindet. Der heilige Fels war wahrscheinlich der Standort des Brandopferaltars. Um die Fläche für den Hof zu gewinnen, mußten starke Stützmauern gebaut werden. Kenyon nimmt als sicher an, daß der Tempel im phönikischen Stil erbaut war: ein langer, rechteckiger Bau mit einer Vorhalle, einer Halle, die durch kleine Fenster unter der Decke erhellt wurde, und einem Allerheiligsten, zu dem vom Hauptraum aus eine Treppe hinauf führte.
Die Zentralisation des Kults in Jerusalem hat die Kultur des Landes revolutioniert, aber vielen waren diese Neuerungen unheimlich. Besonders die einfache Bevölkerung und das Landpriestertum haben sich gegen den zentralen Kult in Jerusalem, der zudem noch in einem nach heidnischen Vorstellungen gebauten Tempel gefeiert wurde, gewehrt. Ich versuche, wenn auch nur am Rand, dieses Unbehagen in den Bedenken des Priesters Joel auszudrücken. Beim zitierten Psalm handelt es sich um Psalm 84,1–3; 11.

Erzählung

Es ist früh am Morgen. Zwei Stunden wird es noch gehen, bis es Tag wird. Still liegen die Palastbauten des Königs Salomo auf dem Hügel Zion. Alles schläft noch. Nur in der Küche brennen schon die Feuer unter den mächtigen Kesseln. Die Köche und die Mägde rüsten Gemüse und Fleisch, mahlen Mehl und backen Brot für die Menge der Gäste, die an diesem Tag erwartet wird.
Im Hof des Palastes wird die Wache abgelöst. Ein kurzer Befehl des Wachoffiziers tönt durch die Dunkelheit, dann ist es wieder still.
Der Mann geht über den Hof. Man hört seine Schritte nicht. Er ist barfuß. Er trägt das lange weiße Kleid der Priester. Auf dem Kopf hat er einen spitzen Hut.
Der Mann ist noch jung. Er heißt Joel. Joel ist einer der vielen Priester am Hof Salomos, die unter dem Befehl des Oberpriesters Asarja stehen.
Joel geht vom Palast zum Tempel hinüber. Heute soll der Tempel eingeweiht werden. Sieben Jahre haben die fremden Arbeiter am Tempel ge-

baut. Von Tyrus sind sie gekommen; Zimmerleute und Steinmetze, Handwerker und Künstler. Jetzt sind sie wieder abgereist – in ihre Heimat am Meer.
Joel war oft zu den Handwerkern gegangen und hatte mit ihnen geredet. Mit einem hatte er sich sogar angefreundet. Er war so alt wie er, hatte schwarze Haare und hieß Epha.
»Ein schönes Haus bekommt euer Gott«, hatte Epha zu Joel gesagt.
»Unser Gott wohnt nicht in einem Haus«, hatte Joel geantwortet.
»Warum baut ihr ihm denn einen Tempel?« wollte Epha wissen.
Darauf wußte Joel keine Antwort. Viele Israeliten, besonders die Bauern und die Priester auf dem Lande, sahen es nicht gern, daß Salomo von Heiden einen Tempel bauen ließ.
»Jahwe braucht keinen Tempel in Jerusalem«, sagten sie. »Jahwe wohnt nicht in einem Haus.«
Aber nun war der Tempel gebaut. Und Joel mußte bei seiner Einweihung mithelfen. Der Oberpriester Asarja hatte jedem von ihnen genau gesagt, was sie machen müssen. Wochenlang hatten sie alles eingeübt. »Daß ihr mir ja nichts falsch macht!« hatte Asarja zu ihnen gesagt.
Joel hat vor Aufregung die ganze Nacht nicht schlafen können. Früh ist er aufgestanden. Er geht nochmals zum Tempel hinüber, um sich alles, was er zu tun hat, noch einmal genau zu überlegen.
Joel hat den Hof des Palastes überquert und den Tempelberg erreicht. Er steht vor einer Mauer. Durch ein Tor kommt er in den ersten Vorhof des Tempels. Der Hof ist groß, und Joel durchquert ihn mit schnellen Schritten, bis er wieder vor einer Mauer und einem Tor steht. Durch das Tor gelangt er in den zweiten Hof. Ein großer Altar aus unbehauenen mächtigen Steinen erhebt sich vor Joel. Es ist der Brandopferaltar.
»Auf ihm werden heute Hunderte von Tieren geopfert werden«, denkt Joel. Er geht um den Altar herum. Zwanzig Schritte mißt jede Seite, und eine Treppe mit fünfundzwanzig Stufen führt vom Boden zur Feuerstelle des Altars hinauf.
Hinter dem Altar steht ein mächtiges Wasserbecken aus Erz. Es stellt das Meer dar: das Urmeer, die gewaltige Urflut.
»Gott hat am Anfang der Welt eine Feste gemacht«, denkt Joel und schaut in den nächtlichen Himmel hinauf. »Dort oben, über den Sternen ist die Feste. Und so, wie dieses Becken aus Erz das Wasser umschließt, so hält die Feste am Himmel das Wasser zurück. Würde Gottes Feste das Wasser nicht zurückhalten, so käme die Flut, wie sie zur Zeit Noahs gekommen ist. Und die Flut würde alles überschwemmen und alles vernichten: Die Menschen, die Tiere, die Blumen, die Bäume und die Gräser.«

Joel erhebt seine Arme zum Himmel.
»Ich danke dir, Herr«, betet er, »daß du die Erde und das Leben bewahrst und beschützest.«
Jetzt steht Joel vor dem Tempel. Dunkel hebt sich das Gebäude, das über dem Kidrontal und vor dem Ölberg steht, vom Himmel ab, an dem Millionen von Sternen funkeln.
Vor dem Eingang des Tempels befinden sich zwei Säulen aus Erz. Eine steht rechts, die andere links vom Portal. Die Säulen haben Namen. Jachin – »fest« – heißt die rechte, Boas – »stark« – die linke.
Joel tritt durch das große offene Portal in die Vorhalle. Er weiß: Wäre er kein Priester, er dürfte den Tempel nicht betreten.
Mit wenigen Schritten hat er die Vorhalle durchquert. Durch eine weite Flügeltür aus Zypressenholz kommt Joel ins Heilige. Ganz still ist es hier und noch dunkler als draußen. Der Duft von frischem Zedernholz erfüllt den Raum.
Schnell haben sich Joels Augen an die Dunkelheit gewöhnt. Er sieht die Wände, den Boden und die Decke des Tempels. Alles ist mit Zedernholz getäfelt und mit Goldplatten überzogen. Ein Räucheraltar, fünf goldene Leuchter und fünf Tische für die Schaubrote stehen im Heiligtum. Und ganz vorn, an der Holzwand, ist ein Vorhang. Dort hinein muß Joel, wenn es Tag geworden ist, die Bundeslade tragen.
»Ihr müßt langsam gehen mit der Lade«, hatte Asarja zu ihnen gesagt. »Alle im gleichen Schritt! Nicht hüpfen. Nicht rennen. Gemessen und würdig, in kleinen Schritten.«
Joel durchmißt den Raum. Sechzig Schritte sind es von einem Ende zum andern, wenn er die Schritte nicht zu groß nimmt.
Jetzt wird es im Tempel hell. Durch die kleinen vergitterten Fenster unter der Decke kommt das Licht der aufgehenden Sonne. Die Goldplatten an den Wänden leuchten auf wie Feuer.
Joel verläßt den Tempel. Er geht am großen Wasserbecken und am Altar vorbei. Er durcheilt die Vorhöfe, und kurze Zeit später erreicht er den Palast. Im Speisesaal nehmen die andern Priester bereits das Morgenessen ein.
Zwei Stunden später stehen die Priester, die Beamten und Tausende von Israeliten aus dem ganzen Land im Hof des Palastes und warten auf die Einweihung des Tempels.
Aus dem Palast kommt der König. Seine Minister und Ratgeber begleiten ihn.
Jetzt setzt sich der Zug in Bewegung. Ganz vorn geht der Oberste der Priester, Asarja. Hinter ihm tragen vier junge Priester die Bundeslade mit den

Gesetzestafeln. Hinter ihnen kommen der König Salomo, die hohen Beamten, die Ratsherren der Stämme Israels, die Gesandten und die Gäste aus den fernen Ländern: Könige und Fürsten. Dann folgen Männer, Frauen und Kinder aus Jerusalem und aus allen Städten und Dörfern des Landes.

Die Menge kommt in den äußersten Vorhof. Hier müssen die Fremden, die Nichtisraeliten, warten. Sie dürfen nicht in die andern Vorhöfe.

Im zweiten Vorhof bleiben die Frauen und Mädchen mit den Knaben, die noch nicht zwölf Jahre alt sind. Nur die erwachsenen Männer haben das Recht, den inneren Vorhof zu betreten. Aber zum Altar und in den Tempel dürfen nur die Priester gehen.

Vor dem Altar stehen der Tempelchor und die Musikanten. Der Musikmeister gibt ein Zeichen. Da blasen die Musikanten in die Posaunen, und der Chor singt das Lied:

»Wie lieblich sind deine Wohnungen,
o Herr, der Heerscharen!
Meine Seele sehnte sich,
ja schmachtete nach den Vorhöfen des Herrn.
Nun jauchzen mein Herz und mein Leib
dem lebendigen Gott entgegen.
Denn ein Tag in deinen Vorhöfen
ist besser als tausend draußen,
besser an der Schwelle stehen
im Hause meines Gottes,
als wohnen in den Zelten des Frevels.«

Joel und die andern Priester tragen die Lade langsam in den Tempel. Asarja geht ihnen voraus. Er öffnet den Vorhang zum vordersten Heiligtum. Der Raum ist leer. Aber vorn an der Wand stehen zwei mächtige, aus Holz geschnitzte Engel. Sie breiten ihre gewaltigen Flügel über die ganze Wand aus.

Die Priester legen die Lade vor die Engel. Asarja schließt den Vorhang. Als die Priester aus dem Tempel kommen, redet Salomo zum Volk. Er sagt:

»Gott hat die Sonne an den Himmel gesetzt. Es gibt Völker, die die Sonne als ihren Gott anbeten. Aber Gott ist nicht die Sonne. Gott ist unsichtbar. Er wohnt im Dunkeln. Darum habe ich ihm ein Haus gebaut: eine Stätte, wo er in Ewigkeit sein kann.«

»Gott wohnt doch nicht in einem Haus«, denkt Joel. »Warum sagt es der König?«

Jetzt betet Salomo und segnet die ganze Gemeinde.

»Der Herr, unser Gott«, sagt er, »soll mit uns sein, wie er mit unsern Vätern gewesen ist. Er soll uns helfen, damit wir nach seinen Geboten und nach seinem Recht leben können. Und euer Herz, mein Volk Israel, soll ganz dem Herrn, unserem Gott gehören.«
Jetzt werden die Opfertiere geschlachtet.
Der Chor singt noch einmal das Lied von Gottes Wohnungen. Und vom Altar steigt der Rauch der Opfer in den blauen Himmel hinauf.

Vom Fronarbeiter zum Oberaufseher

1. Könige 11,26–40

Vorbemerkung

Schon bald nach Salomos Regierungsantritt machten sich die ersten Zerfallserscheinungen bemerkbar. Der noch unter David nach Ägypten geflüchtete edomitische Prinz Hadad kehrte in sein Land zurück und übernahm die Macht (1. Könige 11,14–22). Auch über Aram verlor Salomo seinen Einfluß, als ein Abenteurer namens Reson mit einem Söldnerheer Damaskus eroberte und sich zum König ausrufen ließ (1. Könige 11, 23–25). Schwerwiegender waren jedoch die innenpolitischen Schwierigkeiten. Fron und hohe Steuern waren der Grund, daß es – besonders in den Nordstämmen – viele Unzufriedene gab, die sich gegen den König auflehnten. Sie fanden Unterstützung bei den Priestern der alten israelitischen Heiligtümer. Zu ihnen dürfte auch der Prophet *Ahia von Silo* gehört haben. Er versprach dem Ephraimiten Jerobeam das Königtum über die Nordstämme. Wieweit Jerobeam schon selber an einer Verschwörung gegen Salomo beteiligt war, läßt sich anhand der kurzen Notiz in der Bibel nicht ausmachen. Jedenfalls mußte er, bevor es zum Aufstand kam, nach Ägypten fliehen und dort Salomos Tod abwarten.

Erzählung

»Einwohner des Dorfes Zereda im Stamm Ephraim! Eine Botschaft König Salomos!«
Die Stimme des Ausrufers hallt durch die Hauptstraße und die Gassen des Dorfes. Der Junge, der neben dem Ausrufer geht, bläst in sein Horn. Die Türen der Häuser werden geöffnet. Frauen und Kinder treten auf die Straße. Die Hammerschläge in der Werkstatt des Schmieds hören auf. Die

Töpferscheibe des Töpfers steht still. Von den Feldern eilen die Bauern ins Dorf.
»Befehl des Königs Salomo!« ruft der Bote des Königs. »Jedermann soll auf den Platz beim Brunnen kommen!«
»Befehl von Salomo?« fragt ein Bauer, dem der Schweiß über das Gesicht läuft. »Was will der König?«
»Du wirst es gleich hören!« ruft die Frau des Schenkwirts. »Schnell zum Platz beim Brunnen!«
»Mir eilt es nicht«, murrt ein junger rothaariger Bauer.
»Ich laß das Feuer in meiner Schmiede nicht ausgehen wegen Salomo!« sagt der Schmied.
»Der König befiehlt. Du hast zu gehorchen!« ruft der Töpfer.
Bald ist das ganze Dorf beim Brunnen versammelt. Der Bote des Königs steht in der Mitte.
»Bürger von Zereda im Stamm Ephraim!« ruft er. »König Salomo, der Sohn Davids und Herrscher über Juda und Israel, will die Befestigung von Jerusalem ausbauen. Dazu braucht er Fronarbeiter. Euer Dorf muß für ein halbes Jahr zehn junge, kräftige Männer stellen. Heute in einer Woche haben sie sich beim Oberaufseher im königlichen Palast in Jerusalem zu melden!«
Der Junge bläst ins Horn. Der Bote geht. Betroffen stehen die Leute da.
»Das hat uns gerade noch gefehlt!« sagt ein alter Bauer. »Gerade jetzt, wo wir mit der Ernte alle Hände voll zu tun haben, müssen zehn unserer kräftigsten Männer zur Fron!«
»Und ich brauche meinen Sohn in der Schmiede«, sagt der Schmied. »Ich bin zu alt, um den Hammer noch selber zu schwingen.«
»Und ich bin Witwe«, jammert eine Frau. »Ich gebe meinen Sohn Jerobeam nicht nach Jerusalem. Ohne ihn verfault die Gerste auf dem Feld!«
»Seid doch endlich ruhig!« ruft der Dorfälteste. »Wir haben ja noch gar nicht ausgelost, wer nach Jerusalem gehen muß. Micha, such mir 36 dunkle und zehn helle Steine!«
»Und selbst wenn ich einen hellen Stein ziehe«, sagt der junge rothaarige Bauer, »nach Jerusalem bringen mich keine zwanzig Pferde. Der Salomo soll seine Mauer selber bauen!«
»Hört den Grünschnabel!« lacht der Dorfälteste. »Wenn du nicht gehst, Josua, dann machen dir die Soldaten Salomos schon Beine! Siehst du denn nicht ein, daß der König die Mauer zur Verteidigung der Hauptstadt braucht?«
»Wenn es nur die Mauer wäre!« ruft die Witwe Zerua. »Aber Salomo läßt

die Fronarbeiter auch Paläste bauen. Und Ställe für seine Pferde. Der König lebt im Luxus. Und wir müssen es bezahlen. Mit Fron und Steuern!«

»Ich gehe nicht!« trotzt der rothaarige Josua. »Ich weiß schon, wie das zugeht bei der Fronarbeit! Schlechtes Essen und schlechte Unterkunft! Am Morgen wird man in aller Frühe geweckt, und dann wird den ganzen Tag über in der heißen Sonne geschuftet – so wie damals unsere Väter geschuftet haben, als sie noch Sklaven in Ägypten waren und dem Pharao gehorchen mußten. Und wer nicht schnell genug Steine schleppt oder über Schwielen an den Händen klagt, der wird von den Aufsehern mit der Peitsche geschlagen. Schaut euch doch dem Micha seine Narben am Rücken an, die er als Erinnerung an seine Fron in Jerusalem mit nach Hause gebracht hat!«

»Befehl ist Befehl!« sagt der Dorfälteste.

»Befehl ist Befehl!« höhnt der Schmied. »Solche Befehle hat es unter Salomos Vater, dem König David, nicht gegeben.«

Ein junger, kräftiger Mann mit schwarzen Haaren mischt sich ins Gespräch ein. Es ist Jerobeam, der Sohn der Witwe Zerua.

»David war eben noch ein Mensch wie unsereiner, ein Hirte. Und er blieb es, auch als König. Er hat nicht im Luxus gelebt und hat nicht in weichen Seidenbetten geschlafen. Mit den Soldaten hat er im Feld geschlafen. Und er hat auch nicht jeden Tag Fleisch von Rindern, Hirschen, Gazellen und Geflügel gegessen. Und er mußte auch nicht, wie Salomo, für jede seiner Frauen einen Palast und einen Götzentempel bauen!«

»Jerobeam hat recht!« ruft Josua. »Wenn David noch König wäre, ging es uns Israeliten besser!«

»Recht oder nicht«, sagt der Dorfälteste. »Salomo hat befohlen. Und jetzt wird ausgelost. Alle jungen Männer stellen sich in einer Reihe auf. – Und jetzt nimmt jeder aus diesem Sack einen Stein. Wer einen hellen hat, geht zur Fron nach Jerusalem!«

Die Männer ziehen die Steine. Der rothaarige Josua und der dunkle Jerobeam ziehen jeder einen hellen Stein.

*

Heiß brennt die Sonne auf Jerusalem. Die meisten Bewohner der Stadt machen ihren Mittagsschlaf im kühlen Schatten ihrer Häuser oder unter einem Baum im Garten. Nur am Berg Zion, wo Salomos Palast steht, schleppen junge Männer an Seile gebundene Steine vom Steinbruch auf den Bauplatz. Sie tragen kurze Hosen, und über ihre gebräunten Körper rinnt der Schweiß in Bächen. Andere Fronarbeiter fügen die Steine zu

einer Mauer zusammen, die den alten Palast Davids umschließen soll. Unter den Männern, die Steine schleppen, ist auch Jerobeam aus Zereda. Während er seine Last zieht, denkt er an seine Mutter.
»Was macht sie wohl allein? Hat sie die Gerste abgesichelt? Ist sie mit der Schafschur zurechtgekommen? Wenn ich ihr nur etwas Geld schicken könnte für einen Taglöhner oder einen Knecht!
Aber wir haben hier für uns kaum genug zu essen, und Geld bekommen wir keines. Wir sind ja Fronarbeiter.«
Jerobeam holt Josua ein. Josua ist schwächer als er. Außerdem hat er Heimweh. Er ist bleich und mager.
»Jerobeam«, keucht er, »ich kann nicht mehr. Diese Hitze... Und der schwere Stein...«
»Gib mir den Strick!« sagt Jerobeam. »Ich zieh deinen Stein bis zur Mauer. Ruhe dich inzwischen aus! Dort hinter dem Gebüsch sieht dich der Aufseher nicht. Warte dort, bis ich zurückkomme!«
Jerobeam wirft sich das zweite Seil über die Schulter. Er stemmt sich vorwärts. Er beißt die Zähne zusammen. Seine Muskeln sind gespannt. Langsam zieht er die doppelte Last hinter sich her. Die Kameraden, die ihm entgegenkommen, nicken ihm zu. Sie wissen, wie hilfsbereit Jerobeam ist. Alle haben ihn gern.
Da kommen vom Palast her einige Männer.
»Der König kommt!« ruft ein Aufseher. »Los! Arbeitet! Vorwärts!«
Schon stehen Salomo und seine Begleiter auf dem Bauplatz. Salomo ist zufrieden.
»Das ist gut gearbeitet«, sagt er. »Tüchtige Leute!«
Die Aufseher lächeln und schielen verstohlen auf ihre Peitschen.
In diesem Augenblick naht Jerobeam, der seine beiden Steine hinter sich herschleppt.
»Wie heißt der starke und tüchtige Mann dort?« will Salomo wissen.
»Das ist, mein Herr und Gebieter, dein Untertan Jerobeam aus Zereda im Stamm Ephraim. Er ist ein tüchtiger Bursche! Und bei allen seinen Kameraden beliebt!« sagt einer der Aufseher.
»Führt ihn zu mir!« befiehlt Salomo.
»Jerobeam! Hierher! Zum König!« ruft der Aufseher.
Jerobeam kommt. Und jetzt stehen sich die beiden Männer gegenüber. Salomo, der König, in weiche Seide gekleidet. Er hat ein kluges, bleiches Gesicht und schmale, weiße Hände. Diener halten ihm ein Sonnendach über den Kopf und fächeln ihm Kühlung zu. Und vor ihm steht Jerobeam. Groß und stark, mit muskulösen Armen und Beinen und wirrem, schwarzem Haar. Sein Gesicht glänzt vom Schweiß.

»Dein Eifer gefällt mir, Jerobeam!« sagt Salomo. »Ich wünschte, alle meine Fronarbeiter wären so tüchtig wie du. Ich habe auch gehört, daß deine Kameraden dich lieben und du großes Ansehen genießt. Wohlan, dein Eifer soll nicht unbelohnt bleiben. Von morgen an bist du Aufseher über die Fronarbeiter!«
Wie ein Lauffeuer verbreitet sich die Nachricht: »Jerobeam ist Aufseher!«
»Ach!« sagen einige, »der wird auch nicht besser sein als die andern. Im Gegenteil, ihr werdet es sehen: weil er selber so stark ist, wird er noch mehr von uns verlangen und uns noch mehr schlagen!«
Aber es kommt anders. Jerobeam schlägt nicht. Jerobeam hilft. Wenn einer nicht mehr mag, dann läßt er ihn ausruhen und greift selber zu. Und wenn einer etwas auf dem Herzen hat, dann kommt er zu Jerobeam. Jerobeam weiß immer einen Rat. Jerobeam weiß immer einen Ausweg. Er tröstet und hilft. Die Fronarbeiter verehren ihn. Sie gehorchen seinen Befehlen. Unter ihm wird mehr gearbeitet als unter den anderen Aufsehern. Als Salomo davon hört, läßt er Jerobeam zu sich kommen.
»Du hast dich nicht nur als Fronarbeiter, sondern auch als Aufseher bewährt, Jerobeam«, sagt Salomo zu ihm. »Darum: wenn das Fest des Neumondes vorüber ist, ernenne ich dich zum Aufseher über alle Aufseher der Fronarbeiter. Du wirst Oberaufseher sein.«
Aber auch als Oberaufseher hilft Jerobeam.
»Wartet nur ab«, sagt Josua vor dem Schlafengehen zu den andern Fronarbeitern, »wartet nur: Jerobeam wird es noch weit bringen!«
Jerobeam hat jetzt eine eigene Wohnung nahe beim Palast. Er verdient viel Geld. Eines Tages besucht ihn Josua. Jerobeam freut sich. Er läßt Brot, Käse und Wein auftischen. Josua ißt.
»In zwei Wochen geht unsere Fron zu Ende«, sagt er.
»Ich weiß«, antwortet Jerobeam. »Ich möchte auch gerne mit euch nach Hause.«
»Darüber wollte ich mit dir reden«, sagt Josua. »Die andern und ich meinen, daß du in Jerusalem bleiben sollst. Schau, Jerobeam: Es kommen neue Fronarbeiter nach uns. Und die haben dich auch nötig. Es muß jemanden in Jerusalem geben, der es gut mit den Bauern und den Handwerkern meint. Du weißt ja, daß die Israeliten mit Salomo nicht zufrieden sind.«
»Salomo ist nicht allein schuld, daß die Steuern hoch sind«, antwortet Jerobeam. »Seine Frauen und seine Höflinge verschwenden sein Geld.«
Josua steht auf. Er geht im Zimmer umher. Seine Stimme ist laut: »Dann ist Salomo eben ein Schwächling! Während er zu Hause sitzt und Gedichte schreibt, fallen die Länder, die sein Vater David erobert hat, ab. Und die

Priester und Propheten wettern schon lange gegen den Götzendienst im Palast!«
»Da hast du schon recht, Josua«, erwidert Jerobeam. »Kürzlich war ein Bauer vor Gericht angeklagt, weil er auf seinem Acker ein Götzenbild, einen Baal, aufgestellt hatte. Aber der Bauer sagte: Im Palast unseres Königs Salomo stehen viele solcher Bilder. Man kann doch mir nicht etwas verbieten, was im Haus des Königs erlaubt ist!«
»Gerade darum brauchen wir einen rechtschaffenen Mann wie dich in Jerusalem«, sagt Josua. »Bleib hier und halt deine Augen offen. Wir vergessen dich und alles, was du für uns getan hast, nicht. Leb wohl, Jerobeam!«
Jerobeam geleitet seinen Freund vors Haus. »Grüß mir mein Dorf und meine Mutter. Und bring ihr diesen Beutel Geld mit. Damit kann sie sich einen Knecht dingen!«

*

Viele Monate vergehen. Eines Nachmittags verläßt Jerobeam Jerusalem durch eines der Stadttore. Es ist Feiertag. Dic Arbeit ruht. Noch ist er keine Viertelstunde gegangen, da kommt ihm auf der Straße ein Mann entgegen. Sein weißer Bart geht ihm bis über die Brust. Beim Gehen stützt er sich auf einen Stock, und über seine Schultern fällt ein neuer, hellbrauner Mantel.
»Das ist doch«, denkt Jerobeam, »das ist doch der Ahia. Der Prophet vom Heiligtum Silo! – Friede sei mit dir, Ahia! Was für Geschäfte führen deinen Weg von Silo nach Jerusalem?«
»Friede sei mit dir!« antwortet Ahia. Dann schaut er sich verstohlen nach allen Seiten um und flüstert: »Komm mit! Schnell! Es darf uns niemand sehen. Dort, bei den Olivenbäumen sind wir sicher!«
Ahia zerrt Jerobeam hinter sich her. Unter dem Baum bleibt er stehen und zieht seinen braunen Mantel aus. Mit beiden Händen hält er ihn fest, beißt mit den Zähnen einen Riß in den Stoff und zerreißt den Mantel – ritsch, ratsch – in zwei Stücke.
»Ich glaube, der ist verrückt«, denkt Jerobeam. Laut sagt er: »Aber Ahia, der schöne Mantel, hör doch...«
»Sei ruhig!« zischt Ahia und nimmt die eine Hälfte des Mantels, zerreißt sie in drei Stücke, macht es mit der andern ebenso und teilt noch einmal jeden Stoffteil, bis zuletzt zwölf Mantelstücke vor den beiden auf dem Boden liegen.
»Jerobeam!« befiehlt Ahia, »nimm dir zehn Stücke!«
»Aber ich...«

»Nichts aber! Heb zehn Stücke auf! Denn so spricht der Herr, der Gott Israels: ich will Salomo das Reich entreißen und dir zehn Stämme geben. Denn Salomo hat mich verlassen. Er betet Götzen an. Solange er lebt, soll er noch König über das ganze Land bleiben. Dann aber sollst du König über die zehn Stämme Israels werden. Das Haus David soll nur noch den Rest behalten. Und wenn du mir, deinem Gott, dienst und meine Gebote hältst, dann will ich mit dir sein.«
»Aber das kann doch nicht wahr sein«, stammelt Jerobeam. »Ich bin nur der Sohn einer Witwe. Ich kann doch nicht König werden!«
Aber Ahia hat sich schon gebückt und zwei Stücke seines Mantels an sich genommen. Ohne Abschiedsgruß geht er davon.
Jerobeam streicht sich über die Augen. Hat er geträumt? Aber vor ihm auf dem Boden liegen zehn Tuchstücke. Jerobeam bückt sich. Langsam hebt er sie auf und geht nach Jerusalem zurück.
»Was, wenn uns doch jemand beobachtet oder gehört hat«, denkt er.
In der gleichen Nacht klopft es an seine Tür.
Jerobeam ruft: »Wer ist da, mitten in der Nacht?«
»Einer, der es gut mit dir meint, Jerobeam!« sagt eine leise Stimme. »Im Palast geht das Gerücht, du wolltest Salomo stürzen und selber König werden. Salomo hat den Befehl gegeben, dich zu verhaften. Flieh, wenn dir dein Leben lieb ist!«
Jerobeam öffnet die Tür.
Draußen ist dunkle Nacht. Jerobeam sieht niemanden.
Schnell packt er seine Habseligkeiten und Geld in ein Bündel und flüchtet aus Jerusalem, nach Süden, nach Aegypten.
Am andern Morgen melden Soldaten dem König Salomo, daß der Oberaufseher Jerobeam verschwunden ist.

Die Reichstrennung

1. Könige 12,1–18

Vorbemerkung

Rehabeam wird als Erbe seines Vaters nach dessen Tod König von Jerusalem, das zum Besitz der Daviddynastie gehört, und über Juda, das seine Herrschaft anerkennt. Um auch König über die zehn Nordstämme zu werden, bedarf es noch deren besonderer Einwilligung. Verhandlungspartner des Königs gehen nach Sichem, der bedeutendsten Stadt des Nordens, und treffen dort die Bevollmächtigten der einzelnen Stämme. Sie sind bereit, Rehabeam als König anzuerkennen, wenn er zwei Bedingungen erfüllt: Erleichterung der Fron und des *»Jochs«*, das andere Lasten – zum Beispiel Steuern – umschreibt. Bei den *jungen* und den *alten Ratgebern*, die der König um ihre Meinung befragt, könnte es sich um Altersklassen aber auch um Stellvertreter zweier Kammern, den »Jungen« (Versammlung der Prinzen?) und den »Alten« (Vertreter der Stämme?) handeln. Da Rehabeam nach dem Rat der »Jungen« handelt und nicht bereit ist, auf die Forderungen des Nordreichs einzugehen, sagen sich die israelitischen Stämme 930 v. Chr. vom Königshaus Davids los. Der Bruch beider Staaten blieb bis zum Untergang Israels (722 v. Chr.) bestehen.

Erzählung

Ägypten ist die Endstation der langen Karawanenstraßen, die von Norden und Osten her kommen. Und immer, wenn eine Karawane in der kleinen ägyptischen Grenzstadt ankommt, strömen die Menschen herbei und bestaunen die schwer beladenen Kamele, ihre Treiber und die reichen Kaufleute.
»Woher kommt ihr?« rufen die Kinder.
»Von Babylonien!« antwortet einer der Treiber. Er löst das Seil, das die Last auf dem Rücken des Kamels festhält.
»Ist das weit von hier?« will der Knabe wissen.
»Das will ich meinen«, antwortet der Treiber. »Sechs Monate sind wir unterwegs gewesen. Aber wir sind nicht auf direktem Weg hierher gekommen. Vom Euphratfluß sind wir durch Arabien nach Damaskus gezogen. Dort haben wir Weihrauch, Gewürze und Teppiche verkauft. Dann sind wir die Straße dem Meer entlang gegangen, über Sidon und Tyrus. Dort haben wir Waren gegen purpurgefärbte Stoffe eingetauscht, und dann sind wir ins Gebirge gestiegen und durch Israel nach Samaria und Jerusalem gewandert. In Jerusalem haben wir uns ein paar Tage ausgeruht und diese Ballen Pistaziennüsse gekauft. Und dann sind wir über Hebron und durch das Philisterland nach Ägypten gekommen.«
Aus der Menschenmenge, die um die Karawane herumsteht, tritt ein Mann mit schwarzen Haaren.
»Ihr kommt von Israel!«, sagt er zu einem der Kaufleute. »Hast du Neuigkeiten von dort?«
»Und ob ich Neuigkeiten habe«, antwortet der Kaufmann. »Als wir nach Jerusalem kamen, lag König Salomo im Sterben. Und als wir wenige Tage danach aufbrachen, meldeten Boten vom Palast seinen Tod.«

»Salomo ist gestorben?« Der Mann mit den schwarzen Haaren horcht auf. »Weiß man schon, wer sein Nachfolger wird?«
»Ich habe gehört«, gibt der Kaufman zur Antwort, »daß Salomo seinen Sohn Rehabeam zum Herrscher über Juda und Israel bestimmt hat. Er wird zum König gesalbt, wenn die Tage der Trauer um Salomo vorbei sind.«
»Hast du einen Brief für mich aus Israel?« fragt der Schwarzhaarige.
»Wie heißt du denn?« will der Kaufmann wissen.
»Jerobeam aus Zereda im Stamm Ephraim.«
»Wollen mal sehen. – He, Treiber, bring mir den Sack mit den Briefen!« Der Kaufmann nimmt umständlich eine Rolle nach der andern aus dem Sack, schüttelt den Kopf und wirft sie wieder zurück.
Schon will Jerobeam fortgehen, da sagt der Kaufmann: »Jerobeam aus Zereda in Israel sagst du? Hier ist dein Brief. Ein Mann hat ihn uns gebracht, als wir von Jerusalem aufgebrochen sind. Ich erinnere mich: er hatte rote Haare, und er hat gesagt, daß er ohne Halt zu machen bis Jerusalem gewandert sei, um uns den Brief noch mitgeben zu können.«
Schnell drückt Jerobeam dem Kaufmann ein Geldstück in die Hand und überquert mit großen Schritten den Karawanenplatz. Unter einer Palme steht er still, bricht das Siegel, rollt den Brief auf und liest: »Josua an seinen Freund Jerobeam. Möge Gott meinen Freund hören lassen Nachrichten des Heils! Siehe, Salomo ist gestorben. Es besteht keine Gefahr mehr für dich. Komm zurück nach Israel! Wir haben dich nötig.«
Noch in der gleichen Nacht packt Jerobeam sein Bündel, verläßt Ägypten und wandert nach Norden. Sieben Tage ist er unterwegs. Dann steht er eines Nachmittags vor den Toren Beersebas, der südlichsten Stadt des Reiches Juda. Endlich, nach vielen Jahren in der Fremde, ist er wieder in der Nähe seiner Heimat.
»Wie werden sie mich wohl zu Hause empfangen?« denkt er. »Ob wohl jemand weiß, daß der Prophet Ahia von Silo mir damals, als ich noch Oberaufseher über die Fronarbeiter war, das Königtum über Israel versprochen hat? Lebt wohl Ahia noch? Auf alle Fälle liegen die zehn Stücke seines Mantels im Bündel, das ich auf meinem Rücken trage!«
Jerobeam geht durch das Stadttor von Beerseba. Er hört Musik. Junge Leute kommen ihm entgegen. Sie halten sich an den Händen und tanzen durch die Straße. Vor den Häusern stehen Tische, und um sie herum sitzt lachendes und lärmendes Volk. Mitten auf dem Platz prasselt ein Feuer. Ein Koch dreht einen Spieß mit großen Fleischstücken daran. Sein Gesicht ist rot vor Hitze.
Jerobeam geht auf ihn zu. »Friede sei mit dir«, sagt er.

»Friede sei mit dir«, antwortet der Koch und schiebt ein Holzscheit aufs Feuer.
»Kannst du mir sagen«, fragt Jerobeam, ,»was heute in Beerseba los ist, daß ihr ein Fest feiert?«
Der Koch schaut kurz auf. »Du mußt von weit her kommen, Fremder, daß du nicht weißt, daß heute Rehabeam zum König gesalbt wird. Und zur Feier dieses Tages spendet Rehabeam allen seinen Untertanen Brot, Fleisch und Wein, soviel ein jeder essen und trinken mag.«
»Wir saufen ihm den ganzen Weinkeller leer!« ruft ein Zechbruder von einem der Tische, und das Volk lacht gröhlend.
»Wird er über das ganze Reich zum König gesalbt?« will Jerobeam wissen.
»Heute nur über Juda«, sagt der Koch und wischt sich den Schweiß aus dem Gesicht. »Aber in einer Woche werden sie ihn dann in Sichem noch zum König über Israel machen.«
Vom Tisch ruft ein Mann: »So, jetzt hast du genug gefragt, Fremder. Setz dich zu uns und feiere mit uns!« Er wendet sich an den Koch: »Und du, Dickwanst, beeile dich mit dem Fleisch, sonst stecken wir dich an den Spieß und lassen dich schmoren!«
Das Volk lacht, und Jerobeam sagt: »Habt Dank für die Einladung. Aber ich muß weiter. Man erwartet mich in Israel.«
»Hat's der aber eilig«, brummt der Koch. »Man könnte meinen, der müßte noch vor Rehabeam in Israel sein, um selber zum König gesalbt zu werden!«
In allen Dörfern und Städten, durch die Jerobeam auf seiner Wanderung in Juda kommt, feiern die Menschen. Nur im Nordreich Israel gibt es keine Feste. Die Leute dort freuen sich nicht. Ihre Gesichter sind ernst.
So erreicht Jerobeam ein paar Tage später sein Heimatdorf Zereda. Ist das ein Wiedersehen!
Bis spät in der Nacht sitzen die Männer auf dem Dorfplatz. Jerobeam erzählt ihnen von Ägypten. Und sie berichten ihm, was in der Zwischenzeit in Zereda alles passiert ist. Jerobeams Mutter ist gestorben. Aber Josua hat das Haus instand gehalten und die Felder bestellt. Der alte Schmied lebt noch, und noch ist er rüstig und geistig wach.
»Morgen gehten wir nach Sichem«, sagt er. »Du kommst doch auch mit, Jerobeam? Zur Salbung von Rehabeam zum König über Israel!«
»Ich weiß nicht«, antwortet Jerobeam. »Ich bin müde von der langen Reise. Und außerdem: Was soll ich dort? Den Rehabeam könnt ihr auch ohne mich zu eurem König salben.«
»So sicher ist das auch wieder nicht«, sagt der Schmied. »Jedenfalls wird

es nicht so einfach sein wie in Jerusalem. Die Ältesten unserer Nordstämme wollen nämlich vor der Salbung dem Rehabeam ein paar Bedingungen stellen!«
»Was für Bedingungen?« will Jerobeam wissen.
»Komm morgen mit!« sagt Josua. »Du wirst es dann hören. Auch wirst du in Sichem manchen alten Bekannten treffen. Wir haben dich in Israel nämlich nicht vergessen.«
»Wenn du wüßtest«, ruft ein Bauer, »wie die ehemaligen Fronarbeiter im ganzen Land von dir reden! Das war ein Mann, der Jerobeam! sagen sie. Der hat uns geholfen! Der hat immer zuerst für die Schwachen gesorgt und erst zuletzt an sich selber gedacht. Bei dem war es eine Freude zu arbeiten, auch wenn es Fron war!«
»Gut«, sagt Jerobeam, »wenn es so ist, dann komme ich morgen mit euch!«

*

Auf dem Platz vor dem Tempel in Sichem steht eine große Menschenmenge. Soeben kommt König Rehabeam mit seinem Gefolge geritten. Drei Posaunenbläser blasen in ihre Instrumente. Rehabeam steigt vom Pferd. Er geht die Stufen zum Tempel hinauf, damit ihn alle sehen können. Vor ihm stehen die zehn Ältesten, die Vertreter der Nordstämme. Einer von ihnen, Hepher aus Manasse, hält den Arm in die Höhe zum Zeichen, daß er mit seiner Rede beginnen will. Das Gemurmel im Volk verstummt.
«Rehabeam!« ruft Hepher so laut, daß man ihn auf dem ganzen Platz hört, »Rehabeam, wir haben beschlossen, nachdem du bereits zum König über Juda gesalbt worden bist, auch König über Israel sein sollst. Aber bevor wir versprechen, dir treue Untertanen zu sein, wollen wir dir eine Bedingung stellen.«
Rehabeam nickt und lächelt dem Volk zu.
»Stellt sie nur«, sagt er. »Ich will dann sehen, ob ich sie erfüllen kann.«
»Schau, Rehabeam«, sagt Hepher aus Manasse, »dein Vater Salomo hat uns ein hartes Joch auferlegt. Mach du uns dieses Joch leichter!«
»Und was ist es, das euch zu schwer war und ich jetzt leichter machen soll?« fragt Rehabeam.
»Wir bezahlen zu viel Steuern!« sagt Hepher. »Die meisten von uns sind arm. Wir können dem König nicht mehr soviel Geld geben wie bisher.«
Ganz still ist es auf dem Platz. Alle wollen die Antwort des Königs hören. Rehabeam reibt seine Nase und denkt nach. Dann sagt er: »Mein lieber Hepher aus Manasse: Wovon soll denn euer König leben, wenn ihr keine Steuern mehr bezahlen wollt? Wir sind doch ein mächtiger Staat! Jeden

Tag kommen Gäste aus fremden Ländern. Und die kann ich doch nicht in einem Stall bei den Pferden übernachten lassen! Stell dir doch einmal vor, Hepher, wenn die in der ganzen Welt herum erzählen: Die Israeliten, das sind aber schäbige Gastgeber. Die behandeln ihre Gäste wie Landstreicher! Nicht einmal Geld haben sie, um uns standesgemäß zu empfangen!«
»Recht hat der König!« ruft eine Frau aus dem Volk. »Sind wir nicht ein Großstaat? Können wir uns denn keinen reichen Hofstaat leisten!«
»Ruhe!« zischt ein Mann. »Wir wollen hören, was Hepher sagt!«
»Rehabeam!« ruft Hepher. »Ich habe nicht gesagt, daß wir keine Steuern bezahlen wollen. Wir wissen alle, daß Steuern notwendig sind. Aber bis jetzt haben wir zuviel Steuern bezahlt. Es ist nicht nötig, daß der ganze Hof jeden Tag ein Festessen aufgetischt bekommt, während sich unsere Bauern und Tagelöhner kaum einmal im Jahr ein Stück Fleisch leisten können. Und die ausländischen Gesandten braucht man auch nicht zu verwöhnen. Und noch etwas: Auch Fronarbeit wollen wir keine mehr leisten. Besonders dann nicht, wenn wir unsere jungen Leute für die Arbeit zu Hause gebrauchen.«
»Hepher hat Recht!« ruft Josua. »Wir wollen nicht mehr fronen!«
»Aber wer soll dann die Straßen bauen?« fragt der König. »Und die Stadtmauern und die militärischen Anlagen, um unser Volk vor seinen Feinden zu schützen?«
»Die bauen wir schon«, ruft der alte Schmied aus dem Dorf Zereda im Stamm Ephraim. »Aber Paläste für den König und Tempel für die Götzen seiner Frauen, die bauen wir nicht mehr! Dein Großvater, der König David, hat nur wenig gebaut. Und doch war er es, der Israel mit Gottes Hilfe groß gemacht hat.«
»Das war vor vielen Jahren«, sagt Rehabeam. »In der Zwischenzeit hat sich viel geändert. Man muß eben mit der Zeit gehen! Aber damit ihr seht, daß ich eure Forderungen ernst nehme, will ich sie mir überlegen. In drei Tagen treffen wir uns wieder an diesem Ort, und dann will ich euch die Antwort geben.«
In Jerusalem befiehlt Rehabeam die alten Ratgeber seines Vaters Salomo zu sich.
»Was soll ich machen, was ratet ihr mir?« fragt er sie.
Und Micha, der Erfahrenste, rät ihm: »Höre auf das Volk, Rehabeam! Füge dich seinem Willen! Setze Steuern und Fron hinunter! Wenn du das machst, dann werden sie dir gehorchen und dich verehren.«
Aber Rehabeam ist unschlüssig. Er läßt die Altersgenossen, die mit ihm am Hof aufgewachsen sind, zu sich rufen.
»Ich möchte wissen«, sagt er zu ihnen, »wie ihr über diese Sache denkt.

Wie soll ich entscheiden? Du, Simeon, weißt doch auf alles eine Antwort!«
»Mein lieber Rehabeam«, sagt Simeon, »du wärst schön dumm, wenn du dir die schönen Einnahmen selber wegnehmen würdest. Man darf das Volk nicht verwöhnen! Wenn du ihnen jetzt die Steuern und die Fron nachläßt, dann kommen sie in einem Jahr und wollen überhaupt nichts mehr bezahlen und für dich arbeiten. Es ist viel besser, wenn du von Anfang an hart bist. Sag den Israeliten einfach: Mein Vater hat viel von euch verlangt. Aber ich verlange noch viel mehr von euch. Denn mein kleiner Finger ist dicker als der Bauch meines Vaters! Dann wissen sie, woran sie sind!«
»Bravo!« rufen die andern. »Das hast du gut gesagt, Simeon!« Alle klatschen in die Hände und lachen.
Drei Tage später kommen der König und das Volk wieder in Sichem zusammen. Und als die Ältesten vor Rehabeam stehen und um seine Antwort bitten, ruft der König laut und hart: »Volk Israel! Hier ist die Antwort, um die ihr mich vor drei Tagen gebeten habt: Mein Vater Salomo hat euch das Joch schwer gemacht. Aber ich will es euch noch schwerer machen. Wenn mein Vater euch mit Geißeln geschlagen hat, dann will ich euch mit Peitschen schlagen, an denen noch Eisenstücke befestigt sind!«
Eisige Stille. Einige Israeliten ziehen den Kopf ein, als würden sie schon mit den Peitschen geschlagen. Andere seufzen.
Aber Hepher läßt sich nicht einschüchtern. Mit vor Zorn rotem Gesicht ruft er Rehabeam zu: »Wenn das deine Antwort ist, Rehabeam, dann höre die unsere: Was hat Israel noch mit dir zu schaffen? Wir wollen nichts mehr mit dem Königshaus Davids zu tun haben. Mach, daß du fortkommst! Und sieh zu, wie du ohne uns zurechtkommst!«
Das Volk klatscht. Das Volk schreit.
»Mach, daß du fortkommst, Rehabeam! Wir wollen einen Israeliten zum König! Wo ist Jerobeam!«
Rehabeam und seine Begleiter eilen zu den Pferden, schwingen sich auf ihre Rücken und verlassen Samaria fluchtartig.
Wenige Tage später salben die Nordstämme Jerobeam zu ihrem König.
Von da an war das Reich, das David geschaffen hatte, in zwei Teile zerrissen.

Methodische Hinweise

Jabes s. Seite 11

– Zeichnen der Hauptpersonen der Geschichte. In Kindergottesdienstgruppen kann der Lehrer einfache Figuren der Personen zeichnen und sie vor jeder neuen Erzählung zur Repetition der Namen oder der ganzen Erzählung verwenden, eventuell mit Flanell.
– Zeichnen einer Szene aus der Geschichte.
– Zeichnen eines Pflugs.
– Darstellen einer Person oder einer Gruppe aus der Geschichte. Der Lehrer hat Zettel mit den Namen der darzustellenden Personen vorbereitet. Die Zettel werden an einzelne Schüler oder Gruppen verteilt. Die Klasse muß die Personen oder Szenen erraten.
– Wenn möglich: Exkursion zu einer Stadtmauer, einem Stadttor.

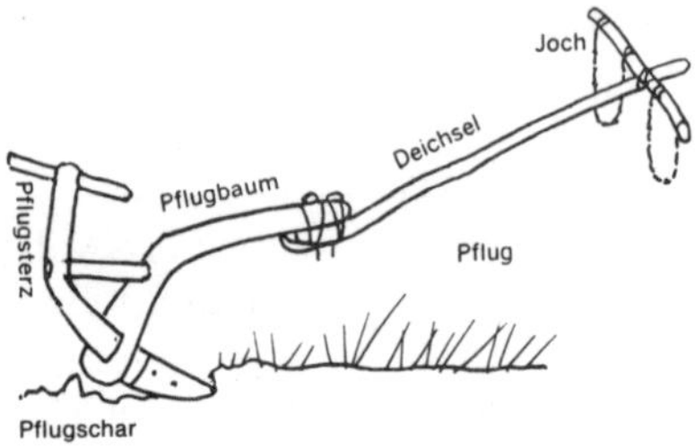

Der König s. Seite 19

– Gespräch über »Salbung«; Amtseinsetzung und Rituale heute (Eid und Immunität von Politikern; Ordination von Pfarrern; Priesterweihe; Berufsabzeichen für Krankenschwestern).
– Silbenrätsel zur Repetition von Namen:
1. Name eines Propheten
2. An diesem Ort wohnte ein König
3. Über dieses Volk war Nahas König
4. So hieß der älteste Sohn Sauls
5. Ihn machte Saul zum Hauptmann
6. So heißt ein Fluß in Israel
7. Name einer Tochter Sauls
8. Dort wurde Saul zum König gesalbt
Silben: Ab – al – Am – bea – dan – el – gal – Gi – Gil – Jo – Jor – Mich – mo – mu – na – ner – ni – Sa – ter – than
– Skizze einer Karte

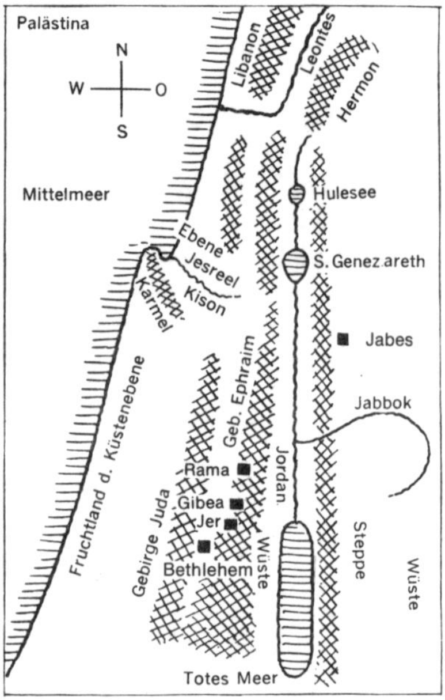

Zeichnungen aus: Hans Witzig „Zeichnungen zur biblischen Geschichte", abgedruckt mit freundlicher Genehmigung des Verlag des Schweizerischen Lehrervereins, Zürich.

Die Verwerfung s. Seite 25

– In sogenannten »Randgeschehen« erzählen oder diskutieren Gestalten, die nur am Rand erwähnt werden, über das erzählte Ereignis. Die Gestalten werden von den Kindern gespielt: a) Die beiden Wachtsoldaten der Philister besprechen nachträglich den Angriff Jonathans und Addars; b) zwei Soldaten Sauls reden über die Begegnung Samuels mit Saul; c) Jonathan erzählt Michal von dieser Begegnung.
– Hefteintrag: Die Familie Sauls als Stammbaum, wobei Platz zu lassen ist für den späteren Eintrag von Jonathans Sohn Meriboseth.

Die Salbung s. Seite 32

– Stammbaum von Isais Familie als Hefteintrag.
– Anfertigen einer Schleuder. Da das Flechten Zeit erfordert, haben wir uns so beholfen: An ein aus einem etwa 5 × 7 cm großes Stück Stoff oder Leder (Schleuderpfanne) werden zwei etwa 60 Zentimeter lange Schnüre gebunden.
– Zeichnung einer Schafhürde

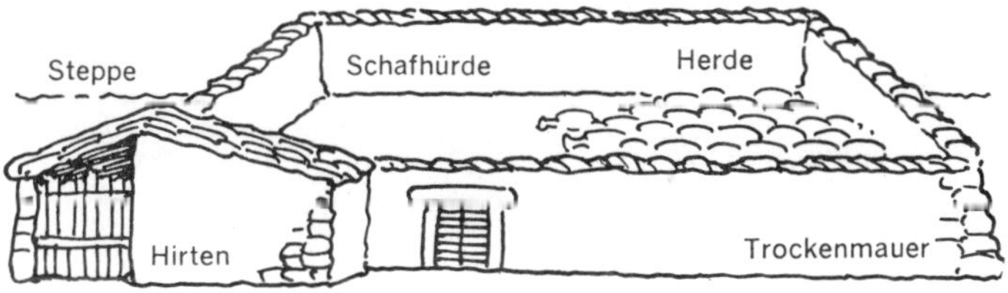

David am Hof s. Seite 40

– Lernen des Psalms. Anschrift an Wandtafel, dann einzelne Wörter und Teile sukzessive auswischen.
– Rätsel zur Repetition und Vertiefung biblischer Namen. Die Namen sind – vertikal und horizontal, vor- und teilweise auch rückwärts geschrieben – irgendwo im Buchstabenrechteck versteckt und müssen von den Schülern – am besten mit Filzstift – markiert werden. (s. Seite 160)

Rätsel

1. Davids Vater
2. dort wohnte David
3. so hieß Davids ältester Bruder
4. David war sein Onkel, obwohl sie etwa gleich alt waren
5. damit kämpfte David gegen wilde Tiere mit einer…
6. »Gott ist mein Licht und mein…«
7. den Israeliten feindliches Volk
8. Name einer Prinzessin

	4.		7.				6.		3.			
	M	I	P	S	V	X	L	K	E	D	F	
	L	A	H	Y	R	I	H	P	L	K	Q	
	O	W	I	E	E	U	E	H	I	F	B	
1.	J	V	L	P	D	U	I	S	A	I	Z	
	O	W	I	E	U	P	L	M	B	T	M	
	A	R	S	B	E	L	K	J	H	G	F	
2.	B	E	T	H	L	E	H	E	M	S	T	
	T	E	E	R	H	P	O	I	U	Z	R	
	N	M	R	X	C	A	S	D	F	G	H	
	N	O	C	P	S	L	A	H	C	I	M	8.
					5.							

David und Goliath s. Seite 48

– Zeichnen einer Szene aus der Geschichte.
– Zeichnen einer Folge verschiedener Szenen aus der Geschichte mittels Strichfiguren.
– Die Geschichte kann vom Lehrer ein zweites Mal erzählt und von der Klasse gleichzeitig mitgespielt werden (Erzählpantomime). Sie kann in gleicher Weise mit einfacher Kostümierung zum Beispiel an einem Elternnachmittag aufgeführt werden.

Hochzeit und Flucht s. Seite 56

– Stammbaum der Familie Sauls mit Meriboseth vervollständigen.
– Zeichnung palästinensischer Häuser
– Gespräch über Hochzeitsbräuche heute.

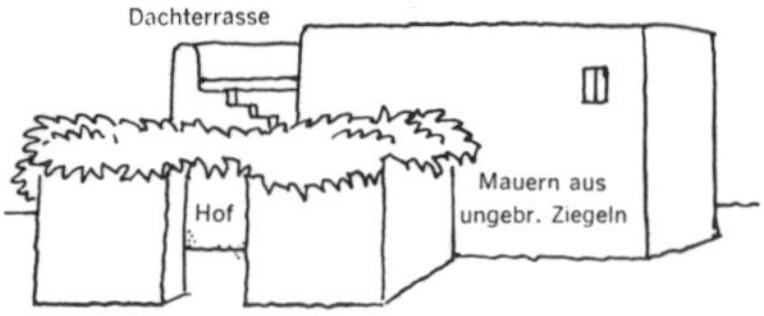

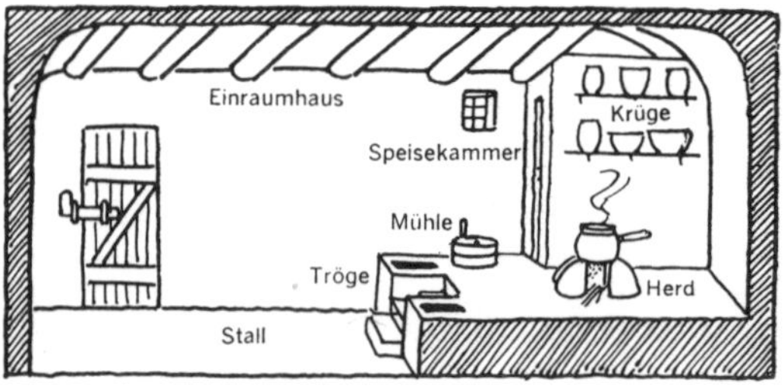

Die Rettung s. Seite 63

– Lernen des 23. Psalms (zum Beispiel: Psalm an Wandtafel schreiben. Verschiedene Schüler lesen den Text wiederholt, wobei der Lehrer nach jedem Lesen ein paar Wörter oder eine Zeile mit dem Schwamm auswischt, so daß ein Text mit immer größeren Lücken entsteht. Diese alte Lernmethode macht auch heute den Kindern viel Spaß.)
– Zeichnen einer Szene.

Die Verschonung s. Seite 71

– Darstellung eines Randgeschehens: Gespräch zwischen David und dem Philisterfürsten Achis.
– Kreuzworträtsel:

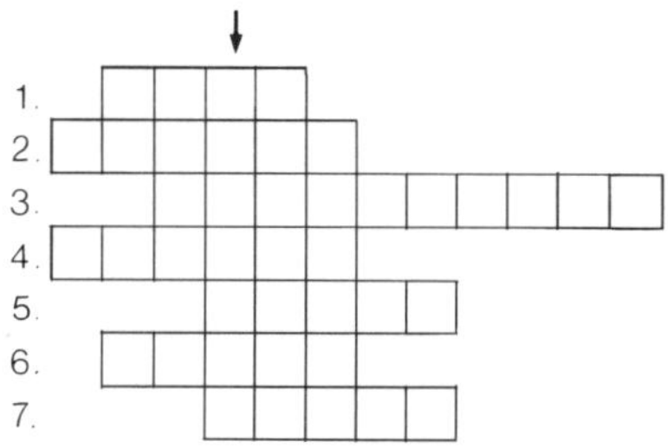

1. Stadt, deren Bewohner Davids Aufenthaltsort an Saul verrieten.
2. Begleitete David, als er sich in Sauls Lager schlich.
3. Einer der Gegenstände, die David aus Sauls Lager mitnahm.
4. Philisterstadt, die David zugewiesen wurde.
5. So hieß Michals ältere Schwester.
6. Einer der Gegenstände, die David aus Sauls Lager mitnahm.
7. So hieß der erste Mann Abigails.

Das in Pfeilrichtung von oben nach unten gelesene Wort ergibt den Namen für das biblische Buch, in dem auch Davids Lieder gesammelt sind.

Endor s. Seite 77

– Dias über die Örtlichkeiten von und um Gibea, Bethlehem, Jericho und Jesreel.
– Ausschneiden und Einkleben ins Heft von Photos aus Werbeprospekten Israels (zu beziehen bei israelischen Fremdenverkehrsstellen).
– Erklärungen und Gespräch über mediale Praktiken sind hier möglich. Ich stelle im Unterricht die Tatsächlichkeit nicht in Frage. Das Vertrauen zu Gott befreit jedoch von Angst und unnötiger Neugier.

König David s. Seite 86

Ich behandle mit meinen Klassen nach dieser Geschichte immer – je nach Alter anhand von Dias, Karten, Photos, Sandkastenspielen und Zeichnungen – ausführlich Jerusalem. Als Unterlagen empfehle ich Prospekte über Jerusalem und auch die Karten und Photos, die in Schulbibeln zu finden sind.

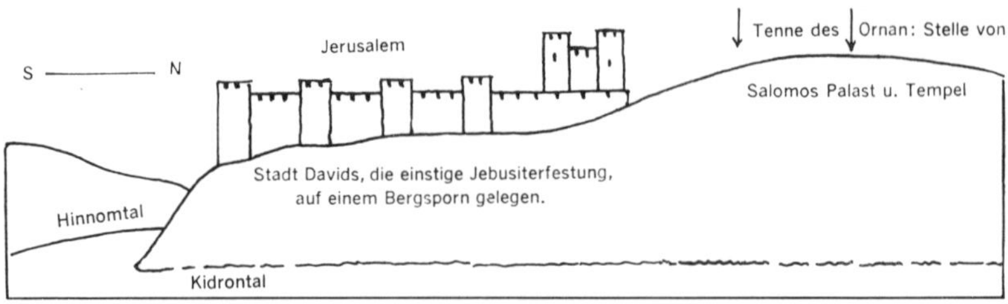

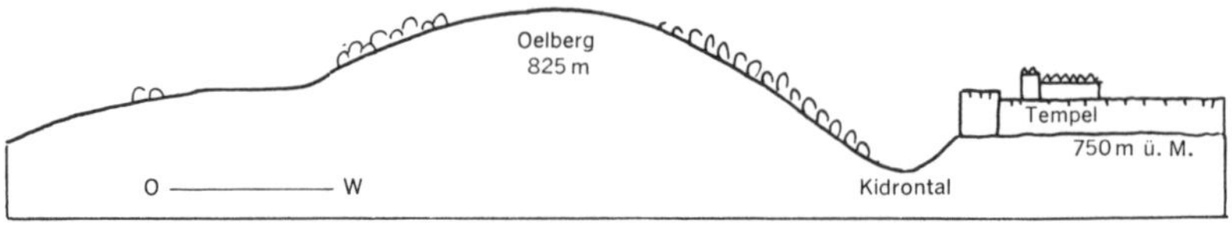

Davids Mord s. Seite 91

– Themenkreis »Schuld« und »Vergebung« im Zusammenhang mit der Geschichte vom Sündenfall.

– Darstellung eines Randgeschehens: Nathan redet mit seiner Frau über die Folgen, die es haben könnte, wenn er David die Wahrheit sagt. Seine Frau kann ihn bestärken, zu David zu gehen; sie kann es ihm aber auch abraten.

– Repetitionsquiz »Trockenfußball«: Zwei Parteien. Irgend ein kleiner Gegenstand markiert den Ball, das Pult des Lehrers die Spielfläche. Es gibt eine (fiktive) Mittellinie und zwei Torlinien. Der Lehrer stellt der ersten Partei eine Frage. Wer innerhalb 5 Sekunden zuerst die Hand hochstreckt, muß die Frage beantworten. Ist sie richtig, wird der »Ball« auf die Torlinie der Gegenpartei verschoben. Ist sie falsch oder verstreicht die Zeit, ohne daß eine Antwort gegeben wird, wird der »Ball« auf die Torlinie der eigenen Partei geschoben. Die zweite Frage geht dann an die Gegenpartei, und wieder wird der »Ball« verschoben: entweder ins eigene oder ins feindliche Tor oder zurück auf die Mittellinie. Nach einem »Tor« hat der Unterlegene »Anspiel«. Der Lehrer kann bei Stören oder unfairem Benehmen Penalty geben. Wer am Schluß am wenigsten Tore hat, ist Sieger. Von der Siegerpartei erhält jeder ein Stück Schokolade, von dem er die Hälfte einem der Besiegten nach eigener Wahl geben kann. Als Fragen eignen sich die bekanntesten Namen von Personen, Ländern und Ortschaften, die in den Geschichten bis jetzt vorgekommen sind: Saul, Ahinoam, Jonathan, Isjo, Merab, Michal, Gibea, Samuel, Rama, Jericho, Jabes, Nahasch, David, Isai, Abner, Joab, Abigail, Achis, Gath, Goliath, Philister, Ammoniter usw.

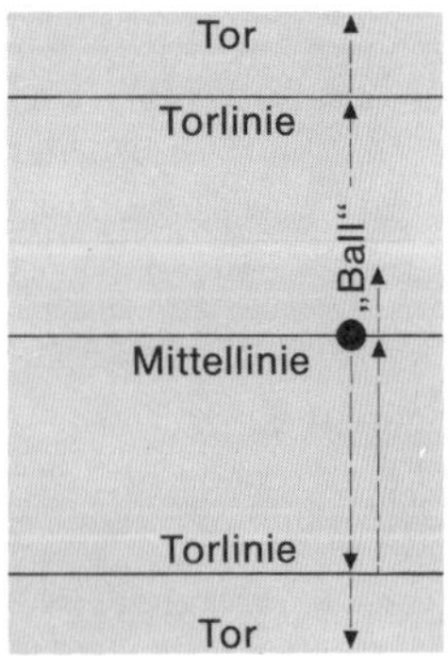

Absalom und Amnon s. Seite 98

– Zeichnen der Hauptpersonen: Absalom, Amnon, Thamar.
– Repetition der in der Erzählung vorkommenden Namen: Klasse in zwei Parteien teilen. Von jeder Partei einen Zeichner bestimmen. Dem Zeichner ein Wort zuflüstern (z. B. »König David«). Der Zeichner zeichnet so lange an die Wandtafel, bis seine Partei die richtige Antwort gefunden hat. Außer Personen eignen sich zum Zeichnen auch Gegenstände, die in der Lektion vorkommen, zum Beispiel: Palast, Regierungszimmer, Vorhang. Variante: Statt zu zeichnen, können die Kinder die ihnen zugedachte Rolle auch spielen.

Absaloms Rache s. Seite 103

– Folgende acht Namen sind – vertikal und horizontal, auch rückwärts und von unten nach oben geschrieben – im folgenden Buchstabenquadrat versteckt:
1. ein Prophet
2. eine Tochter Davids
3.–5. drei Söhne Davids
6.–7. zwei Ratgeber Davids
8. Feldhauptmann Davids

		2.			8.				4.	
	N	O	K	L	V	C	I	M	A	
	A	R	T	A	O	I	A	E	B	
	H	O	M	O	L	A	S	I	S	5.
	T	T	N	X	J	O	U	R	A	
7.	A	H	I	T	O	P	H	E	L	
	N	A	T	Z	A	O	E	U	O	
	A	M	E	I	B	U	T	C	M	
3.	Y	A	M	N	O	N	T	R	I	
	V	R	Q	A	S	D	E	F	J	
	1.						6			

Absaloms Begnadigung s. Seite 109

– Pantomimische Darstellung von Freude und Enttäuschung: Absalom bekommt die Nachricht, daß er heimkehren darf; Absalom wird nicht in den Palast gelassen.
– Gemeinsames Zeichnen einer Szene aus der Geschichte an die Wandtafel, wobei der Lehrer mit einer Figur den Anfang macht und jedes Kind dann etwas dazu zeichnet.

Absaloms Aufstand s. Seite 115

– Zeichnung eines Streitwagens
– Darstellung eines Randgeschehens: Einige Israeliten sitzen zusammen, klagen über die Lasten, die ihnen auferlegt werden und das Unrecht, das David ihnen antut.

– Thomas' Aufsatz über David ist voller Fehler. Der Schüler soll ihn korrigieren: »David ist in Hebron aufgewachsen. Sein Vater hieß Samuel. Später kam David an den Hof von König Saul in Jabes. In einer Schlacht gegen die Ammoniter besiegte er den Goliath. Dann heiratete er Sauls Tochter Merab. Später wurde er in Nazareth zum König gesalbt. Er eroberte Jerusalem und baute einen Tempel. Mit seinem Feldhauptmann Abner eroberte er viel Länder. Aber als er alt wurde, erhob sich sein Sohn Amnon gegen ihn, und David mußte abdanken.«

Davids Flucht s. Seite 119

– Zeichnung des Jordangrabens und des judäischen Gebirges aus der Vogelschau.
– Zeichnen einer Szene aus der Geschichte.
– Erzählpantomime der beiden Begegnungen.

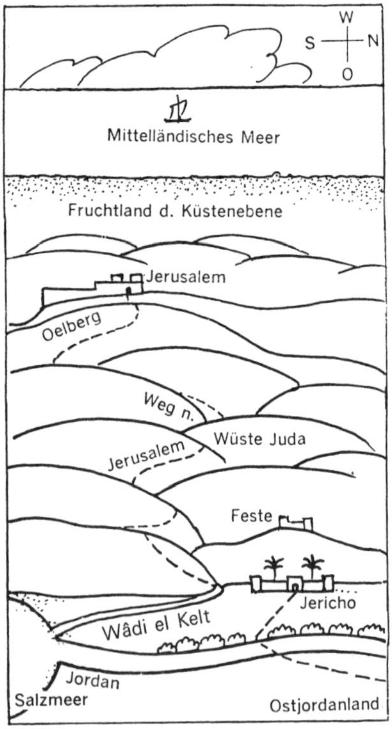

Absalom in Jerusalem s. Seite 125

– Die Kinder eine Szene mit Kasperlefiguren nachspielen lassen.
– Geschichte als Sandkastenspiel nachspielen: Bau der Szene (Jerusalem mit den nötigen Örtlichkeiten: Zion, Ölberg, Palast; Kidrontal, Jordangraben; Holzfiguren). Kinder erzählen Geschichte und bewegen Figuren.

Absaloms Niederlage und Tod s. Seite 129

– Zeichnen einer Szene aus der Geschichte.
– Brief an David. Jeder Schüler schreibt an David einen Brief mit seinen Gedanken zum Tod Absaloms. Der Lehrer verfaßt für die nächste Stunde einen Antwortbrief Davids, in dem er auf die Schreiben der Schüler eingeht.

Der Hof s. Seite 134

– Bei größeren Schülern kann man im Heft die Verwaltung zusammenstellen: Schreiber, Kanzler, Heer, Priester und so weiter. Dann werden die verschiedenen Chargen an Schüler verteilt. Der König (Lehrer) läßt sie kommen und verlangt von ihnen Informationen und bittet sie um Rat.
– Spielen der Gerichtsszene.

Die Einweihung des Tempels s. Seite 141

– Zeichnen des Tempels, der Bundeslade und des Holztransports vom Libanon nach Jerusalem.
– Wandtafel oder Hefteintrag: Kosten des Tempels. Salomo mußte Hiram von Tyrus für das Holz und den Bau des Tempels 7200 Tonnen Getreide und 7200 Tonnen Olivenöl liefern. 30 000 Fronarbeiter wurden ausgehoben. Tausende von Aufsehern, Lastträgern und Steinmetzen waren für das Behauen von Steinen und ihres Transports vom Gebirge Juda nach Jerusalem verantwortlich.
– Darstellung eines Randgeschehens: Zwei Israeliten reden über Vor- und Nachteile des Tempelbaus und darüber, ob Gott in einem Tempel wohnt.

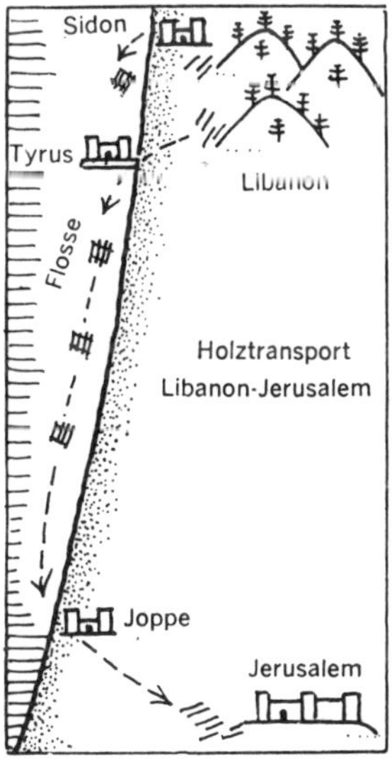

Angaben über den salomonischen Tempel (evtl. als Hefteintrag): Dauer des Baus: 7 Jahre (Zahl drückt wahrscheinlich mehr aus als die effektive Zeitspanne; sie will – im Hinblick auf die Schöpfungsgeschichte – die Vollkommenheit des Tempels symbolisch festhalten); Innenmaße: Vorhalle: 10 Ellen lang und 20 Ellen breit (Elle zu etwa 45 Zentimeter); Eingangstor: 14 Ellen breit; Heiliges: 40 Ellen lang, 20 Ellen breit, 30 Ellen hoch; Heiligstes: 20 Ellen in jeder Richtung. Außenmaße (Grundriß inklusive Seitengebäude): 100 Ellen lang, 50 Ellen breit. (Bei größeren Schülern kann man diese Maße mit den Ausmaßen des Klassenzimmers, des Schulhauses oder sogar der Kirche vergleichen lassen. Das Nachmessen und Vergleichen zeigt, daß wir uns den Tempel meist zu groß vorstellen.)

Grundriss

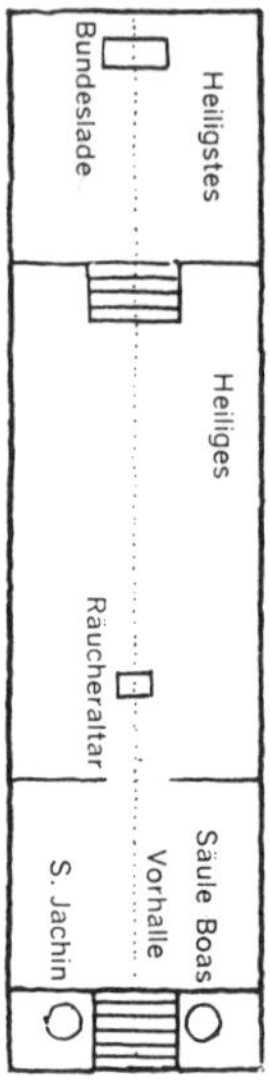

König Salomos Tempel

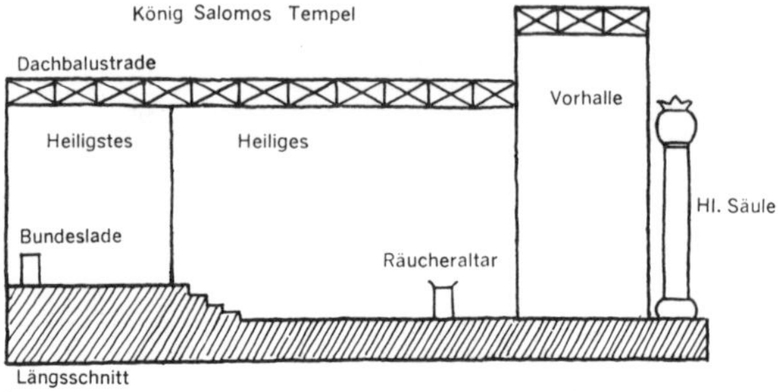

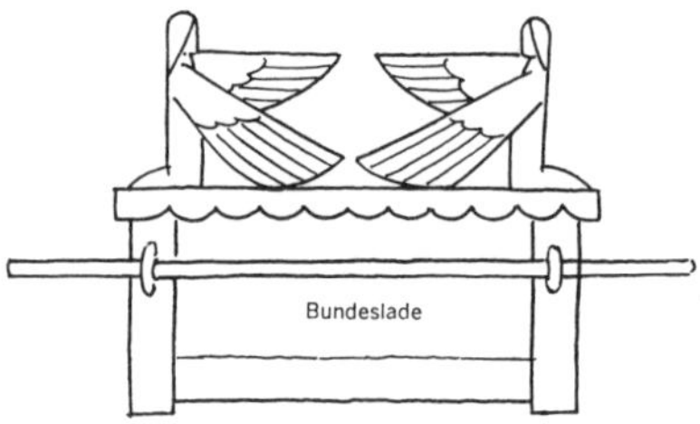

Vom Fronarbeiter zum Oberaufseher s. Seite 145

– Kreuzworträtsel

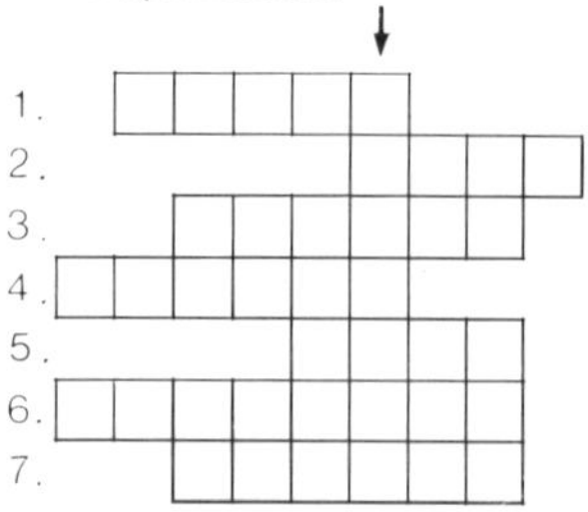

1. So hieß Jerobeams Mutter
2. Von dort kam Ahia
3. Ahia zerriß ihn
4. Heimatort Jerobeams
5. Arbeit, die man ohne Lohn für den König tun mußte
6. Dorthin floh Jerobeam
7. Anzahl der Stämme Israels und Judas

Die in Pfeilrichtung gelesenen Buchstaben ergeben den Namen einer heidnischen Göttin.

Die Reichstrennung s. Seite 151

– Hefteintrag oder Wandtafel: Stammbaum der Könige von Saul bis zur Reichstrennung.
– Kartenskizze mit getrennten Reichen und ihren Hauptstädten.

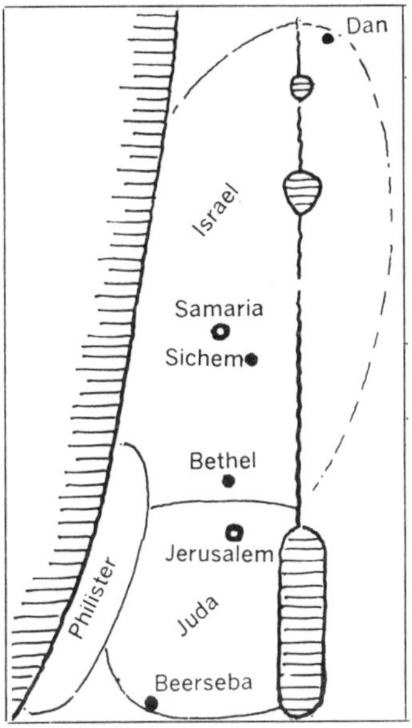

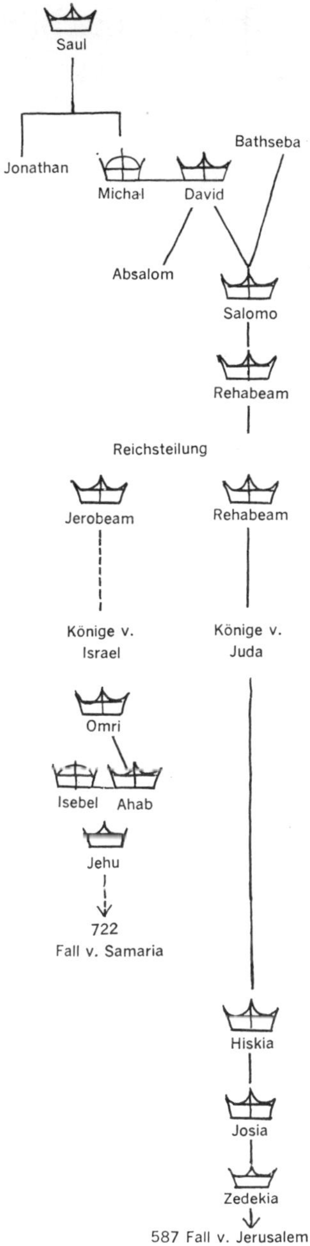

Nordreich: Israel

Fruchtbare Ebenen.
Viele Stämme, durchsetzt mit heidnischen Kanaanäern.
Keine Erbmonarchie.
Verwässerter Jahvekult.
Ohne einheitlichen nationalen und religiösen Rückhalt.

Südreich: Juda

Klein, gebirgig, viel unfruchtbares Land:
Steppen und Wüsten.
Ein dominierender Stamm.
Erbmonarchie (Davidshaus),
Zentrales Heiligtum (Bundeslade)
Einheitlicher nationaler und
religiöser Rückhalt.

Schreibweise der biblischen Namen nach den »Loccumer Richtlinien«

Abigail	Abigajil
Abisai	Abischai
Abjathar	Abjatar
Absalom	Abschalom
Achinoam	Ahinoam
Achis	Achisch
Adonia	Adonija
Ahia	Ahija
Ahitophel	Ahitofel
Aphek	Afek
Asahel	Asaël
Asdod	Aschdod
Askalon	Aschkelon
Bathseba	Batseba
Beerseba	Beerscheba
Bereth	Bered
Bethlehem	Bethlehem
Bethsean	Bet-Schean
Elihoreph	Elihoref
Endor	En-Dor
Ephraim	Efraim
Ephratiter	Efratiter
Ephron	Efron
Gath	Gat
Genezareth	Gennesaret
Gesur	Geschur
Goliath	Goliat
Haggith	Haggit

Hepher	Hefer
Hores	Horescha
Horonaim	Horonajim
Husai	Huschai
Isjo	Ischwi (Isch-Boschet, Eschbaal)
Jabes	Jabesch
Jether	Jeter
Jonathan	Jonatan
Kades	Kadesch
Kileab	Kilab
Kis	Kisch
Mahanaim	Mahanajim
Malkisua	Malkischua
Mephiboseth	Merib-Baal
Nahas	Nahasch
Nethaneel	Netanel
Rephidim	Refidim
Ruth	Rut
Silo	Schilo
Simea	Simma
Simei	Schimi
Siph	Sif
Sunem	Schunem
Thamar	Tamar
Tobia	Tobija
Uria	Urija